哲學現場

人生大哉問，20道生命必經關卡的哲學思辨練習

葉海煙著

自序——

哲學始終在私密和公眾間來回

偶爾，我們會聽到這麼一句：「我算是一個樂觀的人吧！」有時候，也可能會聽見有點悲壯的話語：「橫豎總是一死，怕什麼？」這兩句話看似稀鬆平常，其實，已然蘊含著一些哲學味道。

說自己樂觀，得先找到判定樂觀與悲觀的一些準則，這些準則往往會導引出某些飽含著生活理念與生命態度的價值判斷；其間，那說話的人顯然已經應用了某種道德觀念與倫理思維，如善與惡的抉擇、是與非的分辨，這其實就是一種具有相當效力的哲學思考。至於斷言自己不怕死，不管是否情真意切，實際上已涉及人生的終極問題。對人生終極問題的探究，便是千年來縈繞哲學家心頭的一種根本的哲學關懷。

此時此刻，全球正逢百年疫情的全面襲擊，人人口罩遮臉，個個擔心病毒上身；一時之間，哲學家似乎無言以對。不過，無言只是暫時的不表態，接著，很可能是汪洋之論與浩瀚之篇繼踵而來，甚至可能會出現前所未見的「防疫」哲學、「隔離」倫理學以及「解封」詮釋學，這不是因為哲學家不甘寂寞，只是因為哲學本就在我們生活的現場，如無所不在的菌種，醞釀著無比的芳香、醇厚以及滋養我們這一身珍貴的生命酵素。

當然，哲學觀念不必去抵擋世紀病毒；但哲學的思考總是教我們無所迴避，無所畏懼；在我們必須掏心掏肺，全心全意，一起來對抗任何一種敵人的時候。

如今，我們不僅有了共同的敵人，更有共同的朋友；縱然敵人一直窺伺著我們，我們仍然可以從容地和朋友們一起參與生命的饗宴，如蘇格拉底當年在豪飲之際，仍然極其冷靜地進行著哲學的思考與哲學的對話。

而最貼心的哲學思考就在我們每個人的眉宇之間，最有趣的哲學對話就在我們的生活現場。其實，只要「心連心」，思想的脈動便可暢通無阻；只需「眼對眼」，對話的渡口就是我們安頓身心的所在。

在此，呈現在大家眼前的篇章，正是這些年來縈繞筆者個人心頭的觀念集結；它們竟始終不離不棄地照應著一個唸了大半輩子哲學的平凡之人，卻依然生機暢旺，彷彿初春的芽蘗，正等待有心之人的訪視與賞識；而那尚未落實的理論構成以及系統的延展，則始終在愛智者的心底與眼底，如那一逕開展的莖幹與枝葉，正準備在陽光燦爛的明天大展身手。

本書總共二十個主題、二十個現場，它們前後相接相銜，彼此呼應，儘管其間仍有諸多縫隙亟需彌合，也有些距離必須拉近。首先，從「孤獨」啟程，由近而遠，一路向前，途經苦難、命運、希望、幸福、陪伴、結緣、信任、寬恕、和平等現場，從而自行迴轉，緊接著經由在家、永久居留、活著、內在、沉默、病痛、身心之間、修煉、臨終等等生命的所在，而最終抵達那「不可知」的現場，這樣的奇遇不也彷彿少年們一伸出手來，便「鍵入」一那虛擬之境，一眼便認出「關鍵」之字；於是，他們迅速地經過一個個平台，彷彿身歷其境的現場，只為了尋找夢寐以求的生命至寶一般？

原來，世上到處都有哲學現場，為了讓彷彿住居在雲端的哲學家們自看似不勝寒的高處下降，親臨每一個哲學現場，我們理當慷慨地邀請和每一個現場有所關聯也有所交涉的哲學家進駐其中。這三位被視為存在主義先驅的哲學家齊克果、尼采和卡繆，便首先在邀請之列，接著便是馬賽爾、亞里斯多德、西蒙波娃、羅素、漢娜・鄂蘭、盧梭、康德、蘇格拉底、懷德海、奧德嘉・賈塞特、傅柯、維根斯坦、叔本華、笛卡兒、海德格、柏拉圖。他們個個具特色，人人有魅力。當然，另一半球亦有哲學，因此也邀請了老子和莊子，從古老的東方一路慢步向前。

由此看來，哲學始終是很個人的、很生動的，存在的，也同時是生活的，幾乎俯拾即是。看來，人生有做不完的習題，我們只能兵來將擋，由自己發號司令，扮演著無法任意自行更動戲碼的角色。

此內容基本上是由二十篇腳本擴大改寫而成。在此，筆者衷心感謝民視公司，以及這三年來先後陪同我一起主講民視「哲學現場」節目的林淑文博士和高毓智博士。毓智博士為節目內容所付出的心血，更讓我銘記在心。

同時也要特別感謝讓這歷時三年的節目能夠完整呈現的李靜婷副理，當時她是節目執行製作，上下奔走，執行力道十足，且凡事講究效率與成效，有高EQ。

如今，「哲學現場」由影像轉為文字，而有機會在作者與讀者之間，變成一個個對話與溝通的場域，而讓哲學的腳踪在私密與公眾之間來來回回、起起落落。由此看來，而哲學工作者不管身處社會的哪一個角落，他們絕對不會孤單。

葉海煙

目次

前言——

從哲學的雲端到生活的現場

如果說，哲學是思想的根柢，是理論的先行，是人類心靈探向世界的首航之旅；那麼，我們可以進一步這麼說，哲學家作為愛好智慧、追求真理的典範，他們便彷彿是那試圖一腳踩住雲端，卻又一頭栽入滾滾紅塵的先知先覺。他們本想不食人間煙火，清心寡欲，卻又像那好動又好奇的初生幼嬰，正準備動動可愛的小手和小腳；想要試圖去抓住些什麼，去踢倒些什麼，去和這對他仍然相當陌生的世界，做一次前所未有的接觸。

當然，在一般人的印象中，哲學家比較像是個智者，而不像是個勇者。

不過，哲學的探索之旅的的確確是由提問者打前鋒，隨後經過所有探索者各自的獨白、彼此的對話、分別的陳述、相互的議論、交叉的辯駁以及深入的考察，最後將生機盎然的種種觀念，定錨於那可以讓一顆顆的心停泊、安駐的港灣——這不就是我們生命扎根的所在？不就是我們時時刻刻掛念的生活現場？

確實，哲學家都在各種生活現場裡思考，在各種思考歷程中生活；同時，在人人現身之處，尋找自我的蹤跡，探索世界的奧祕。因此，他們將智慧作為引信，以真理為輪軸，啟動一個個心靈機關，一路延展出那滿載著光與熱的生命列車。以號稱是西方第一個哲學家蘇格拉底為例，他終其一生，身在雅典，經常在街頭廣場與人交談議論，並始終為知識與道德的真諦絞盡腦汁，費盡口舌，這難道不是智者的化身？蘇格拉底最後不畏威權，不懼死亡，而最終慷慨殉道，這難道不是勇者的現身？

由此看來，先有哲學思考，才有所謂的「哲學」與「哲學家」，而活躍於種種現場的哲學思考本就不離此生此世，此時此地，更不離此身此心，此情此愛；如果身心原一體，情愛本共生．那麼哲學便可以是一種兼具人文意義與社會意義的人性活動，我們也就不能不試圖返回種種與此生此世、此時此地、此身此心、此情此愛相互連結的「哲學現場」——它們從自我出發，一路迤邐，向四方擴展，不間歇地向我們生活的世界敞開那無可計數、無可比擬的面面風光，更是我們在此之所以能享有這一身，並同時揮灑真情真愛的殊勝之境。

因此，就讓我們從生命裡邁開腳步，從裡到外，由己及人，好好來賞玩接踵而來的這二十個哲學現場，好好來品味這不能重來的一生一世，也好好來享受我們僅有的身心和情愛。

- **孤獨的現場**——誰不曾經孤獨過？誰又不曾害怕過孤獨？
- **苦難的現場**——世上多苦又多難，而在苦難現場裡，有許許多多受苦受難的人，這可不是輕描淡寫的新聞報導！
- **命運的現場**——命運如枷鎖，鎖住世上千千萬萬人，其中，又有誰能夠解鎖而脫身？

‧希望的現場——希望是心靈的引信、未來的密碼與理想的燃煤，它到底能為我們帶來什麼真實的消息？而這問題的解答，恰恰是我們人生最大的希望。

‧幸福的現場——幸福的人會覺得幸福如花似果，開滿一座座家園，而那些遭遇不幸也無法享福的人們，到底該怎麼料理自己的一生？

‧陪伴的現場——如果陪伴者或相伴者雙方無須多言，只要心意相通，那麼他們中間的連繫以及彼此來往的管道，究竟該如何維持下去？

‧結緣的現場——婚姻有常也有變。這常數與變數其實都落在我們心底，只是往往忘了該怎麼好好來維持住兩者之間的平衡與和諧。

‧信任的現場——相信的力道無比強大，我們又該如何化解人我之間種種的不信任，及難以消解的猜疑與嫉恨？

‧寬恕的現場——想要消仇解恨，必須有仇有恨的雙方彼此寬恕，相互包容；然而，這項生命功課有誰能在一生的大限之內完成？

• 和平的現場——如今，形形色色的暴力隨時隨地可見，而永世和平的大夢與大願，又豈是痴心和妄想？

• 在家的現場——只要是人，便有一個屬己的家，雖然「家」的組成各有不同，但功能幾乎都一樣：讓人成長，讓人安心，讓人得到一己生命必需之種種資源；「無家可歸」可說是人生最大的悲劇吧！

• 永久居留的現場——對哲學家而言，他們一心嚮往思想的國度與精神的國度，便是他們永久居留的所在。他們不必為了尋覓一張張綠卡而終日惶惶不安。當然，哲學家也可以化身為詩人，縱然身無分文，卻可以自由自在地吟遊四方。

• 活著的現場——在這世上，誰不是真正地活著？只要活著，便有許許多多的生活現場，等著我們進入，等著我們參與，等著我們用一生的時間與力氣，好好真正地活著。哎！這話說得容易，要付諸行動，可真是不易呀！

• 內在的現場——我們的雙眼天天看著周遭的一切，或看近，或看遠，卻難得看看自己，甚至看看自己的「內在」；而我們是否真的擁有屬己的「內在世界」，或許得先問問我們自己這雙眼睛究竟有沒有「內視」的能力。

• 沉默的現場——沉默如根，靜靜地在心靈的底層蓄積生命所需的滋養；言語則恍若破土而出的新芽，歡欣鼓舞地迎向真實無比的亮光。若沒有沉默作底色，又何來舞動人心的音聲？

• 病痛的現場——一般人往往以為現代人生贏家的王道，首先是抓緊權利，把握機會，接著是盡情享受人生。然而，就在科技當道，文明昌盛的時候，人類的病痛卻仍未消退，世紀大瘟疫更如滔天的洪水，儼然要吞沒我們這「萬物之靈」。

• 身心之間的現場——有些時候，我們會因為用腦過度而精神不濟；有時候，我們卻會因為不肯用心而遭致禍殃。看來，如何把身體和心靈同時料理妥當，大概就是喜歡思考的我們不能不努力做好的功課。

• 修煉的現場——大家都知道，急病不能亂投醫；而如今更出現這樣的座右銘：「先修身而後才能養性」。因此，古有方士煉丹焙藥。今時下竟有人如同「御醫」般，天天調製出各種處方，只是不知道能否真正地對症下藥。

・臨終的現場——世上大宗教家幾乎都相信人人可以了生脫死，只要願意按照他們的指示去修煉。不過，在死亡仍然彷彿黑洞一般深奧且無可解密的情況下，我們又該如何邀請哲學家為我們上一堂「生死智慧」的課？

・不可知的現場——縱然人生的動線不似陀螺旋轉，但這無可讓渡的自我卻不能任意失去重心；而存在自有其奧祕，我們的心裡始終「有個底」，暫時別把它說破，暫時把自己口風顧緊，因為在可知與不可知之間，仍有一大片空白，可以讓我們用自己僅有的一些思想觀念，揮灑出燦爛繽紛的顏色來。

以上共二十個現場，前後相接相連，其間，有空間的界限，有時間的延續，有思想的歷程，有意義的蘊釀，還有價值與理想的開發與創新。因此，它們裡外呼應，上下交通，左右逢源，而且首尾一貫，整體成型，終連結成看不見盡頭的人生風景線。其中，有一串串思想的晶瑩，有一道道觀念的光芒，更有身體與心靈合作無間所織就的匹匹錦緞，不斷地在我們眼前展演開來。

於是乎，就讓我們將這二十個哲學現場如此配對，如此綴合，如此地打破藩籬、界限與障礙：一開始，先讓我們每一個人和自己相處。原來，孤獨是自我的天賦與本分。同時，我們又當勇於面對世間種種苦難，並一起設法消災解難。隨後，再讓我們每一個人都能理解自身的限定與命運，且能翹首望向希望的所在。

如此一來，幸福的花果終將在你我相互陪伴之際迎風招展，結實累累；信任更恍如母子之間的臍帶一般斷而不裂，彼此不離不棄，卻又容許個別之人獨立前行，共同營造和平的大業，一起努力來消弭暴力，棄絕暴力，在仇恨的因子作祟之前，大大方方地散播下寬恕的根苗，那麼這世界又怎麼可能會淪落、會墮毀、會敗壞下去？

看來，那些原本踩踏在雲端的哲學家，早已在他們各自的生活現場思量，各自照料著自己的一顆心。我們試著想想：柏拉圖構思他的理想國時，可能正回顧著自己和老師蘇格拉底是如何因雅典當局不公不義的審判而義憤填膺。我們也可以揣測一下：當康德攀上了批判哲學的雲端之際，其實正摸著自己的大腦袋，同時想著自己這顆頭終有一天會壞去，只因自然律並不會隨著那些落下「批判」重槌的大問號，而失去對人們的宰制力。

或許，我們還可以勾勒出一幅圖畫，圖畫裡是語言哲學的開山祖師維根斯坦於一九三九年到一九四七年在劍橋大學三一學院教書的現場，只見我們這位首先發現語言是一種遊戲（game）的哲學大師竟然啞口無言，不發一語；他搖晃著腦袋，看著教室裡的學生一個個離座走出教室。唉！言說與沉默之間的關係，竟如此地難以捉摸，難以確定！

不過，無論如何，哲學家早就從雲端走下來了；如今，哲學又上了雲端——是資訊的雲端，是網路的雲端，是思想的雲端，是理論與系統的雲端。然而，自始至終，哲學家都離不開種種生活的現場。他們放眼周遭，心懷人群，始終關注著這無比真實的世界。

On Scene
1

孤獨的現場

在上帝眼裡，所有曾經活過以及正活著的千千萬萬人，
並不是一個「群體」；祂看見的，只是一個一個的「個體」。
—— 齊克果

你害怕一個人嗎？

我們活著，本是以「一個人」的原初身分活在這世上；而所謂「一個人」，指的就是一位獨一無二的人、一位獨立自主的人。

我們不只是一個個「個體」，還應該是一個個「主體」；自知自己是一個「個體」，仍只是客觀的認知，而自覺自己是一個「主體」，則已然是一種主觀的認同。顯然，身為一個人，乃是生命穩固的底座；而追求獨立自主，則是人格發展的動向。

當然，我們是和很多人一起生活在這世上——這表示任何「一個人」

都和其他的「一個人」共生共在共存，且共同地營造出一個個生活的世界、一個個可以讓我們和其他人一起生活下去的社群。由此看來，我們雖然都是獨一無二、獨立自主的一個人，但我們並不孤立，也沒有被隔離。

我們為什麼還是難免會覺得孤獨，覺得孤單呢？甚至，我們會忍不住恐懼孤獨，害怕孤單。一般看來，怕孤單、孤獨也許是人人共通的心理問題，但往深一層看，覺得孤單，覺得孤獨，或許是一個根本的哲學問題，因為它已經涉及我們生命存在的底層與深層——所謂「生命」、「存在」與「主體性」的意義、價值以及其中蘊含的動力與能量，究竟能如何被挖掘？如何被揭顯？被真正地開發出來？

在這裡，我們先來聊聊「孤獨感」吧！「孤獨」其實是一種生命情境，或者，可以說是一種特殊的存在狀態，它一方面有時間性，一方面又有空間性；當瀰漫著孤獨感的時間（縱然只是短短的片刻）和空間（即便只是一個小小的所在）兩者相互交錯，彼此相遇，往往就足以讓我們落入無邊無際、無依無靠、無以自處，甚至因此自我否定、自我墮落的境地。當然，這是孤獨感的否定面和消極性。

如果我們能夠自願地與孤獨感相互周旋，所謂「與孤獨同在」、「與自我同行」，或者來個「千山我獨行」、「眾人皆醉我獨醒」，甚至學古時候的隱者「千山鳥飛絕，萬徑人蹤滅，孤舟蓑笠翁，獨釣寒江雪」（柳宗元），或者竟壯烈地高歌「前無古人，後無來者；念天地之悠悠，獨愴然而涙下」（陳子昂）。那麼，在一個人自我沉潛之後，實際的情況也許會是「山窮水盡疑無路，柳暗花明又一村」吧！甚至，可能由此激發出我們心靈內在的正能量，而讓我們的人生一次又一次地得到鼓舞，得到激勵，得到超出預期的護持與不可思議的加持。

老實說，很多人都害怕孤獨，恐懼孤獨，因此當突然離開親人或友人，或者突然地被迫必須自己一個人單獨面對生命中一個特殊的情況、一種前所未有的境遇，或者一樁攸關個人生命路向與生活走向的課題時，便會不知如何自處，如何自行料理個人屬己的事情。

也許，先承認對孤獨的害怕與恐懼，乃是面對孤獨，善處恐懼，以享受孤獨或竟超越「孤獨」所可能引發的負面作用，所必須做好的準備。一般看來，孤獨往往與寂寞劃上等號，其實不然。而「沒有朋友」、「沒有知己」、「沒有可以談心的對象」，也不必然會感到孤獨。因此，認定「當一個人感到孤獨時，一定會意識到別人的存在」（森博嗣，《孤獨的價值》，二〇一六年），確實有它的道理。

森博嗣還認為「孤獨意味著得到自由」，他進一步說：「即使為了自由，斷了羈絆，變得孤獨，也一定是『充滿樂趣的孤獨』、『美好的孤獨』。」原來，「孤獨」可以如此美好，可以充滿樂趣，倒是應驗了底下這句話：「如人飲水，冷暖自知」。如此深刻的生命體驗，其中蘊含的哲理實在值得害怕孤獨而因此喜歡熱鬧，甚至吵鬧的現代人，好好地來深思，細細地來咀嚼。

森博嗣肯定孤獨的價值，並且身體力行，實踐「屬於我的孤獨哲學」，他自言「感覺自己的心變得溫和了。」不過，他並不鼓勵年輕人仿效他，他認為年輕人必須先投身社會，了解社會，不能在人生剛開始的時候便一味地執意朝著孤獨的路前行。

「孤獨」彷彿是一張白紙，它可以讓我們渲染出生活的多采，舞弄出生命的多姿。森博嗣說「唯有了解孤獨的人，才能滿足於友情與愛情。」這句話如同孔子的名言：「繪事後素」一般，是十分道地的「自我的哲學」——追求的是自我的獨立、自由、自主與無盡的開放、無比的真實，及無可限量的可能與盼望。

基本上，森博嗣闡述的「孤獨」，不是拒絕社會，也不是無視他人的存在，因此他所說的「自由」必須構築在對社會有貢獻，尊重他人，且與社會共生共存的基礎之上。由此看來，三島由紀夫小說《金閣寺》裡，那位聽說是因為嫉妒金閣寺之美，便一把火將金閣寺主殿付之一炬的二十一歲年輕僧人的毀滅性作為，便不值得鼓勵，更不值得效法，因為這位年輕僧人似乎誤用甚至濫用了「孤獨的自由」，而讓他那無法自我排遣的孤獨心靈竟爆發出了破壞性的力量。

此外，被譽為日本的教育與溝通大師齋藤孝則在「即使不被理解，仍要面對真正的自己，才能真正地富有，真正地自由」的前提之下，宣揚正向的「孤獨的力量」。他在《孤獨的力量》（二〇一六年）這本書裡，認為人生中不可避免的孤獨，乃是通往成長必要的儀式。他甚至認定每個人都是「單獨者」，而一個人最寶貴的時間就是自我鍛鍊的時間，而且是在孤獨中鍛鍊自身，這便是孤獨發揮其力量的最佳時刻。

究竟在孤獨的時候，我們能做什麼？又該做些什麼呢？齋藤孝認為「越是擁有卓越才能的人，越是會在獨處時思考自己應該成就的世界」，所以在獨處時間裡持續思考，正是擁有才能的證明。而哲學的源起與人文的滋長，不也是由一個個善於與自身孤獨相處的人們所啟動所成就的？

齋藤孝甚至進一步斷言「人強大與否，取決於能否徹底地成為單獨者。」因此，他要我們培養拒絕交際的勇氣，在面對孤獨時不要畏懼，並且要積極而主動地迎向孤獨，以便在孤獨時自動自發地讓自己真正「擁有充實感」。看來，這一方面告訴我們：傳統儒者的「慎獨」工夫未免過於保守，而另一方面則警示我們：不必花費太大的生命力氣，去妄想成為尼采筆下的「超人」。

孤獨似酒，須適量適時地品嘗，才能體味其芬芳與香醇。瓊安・威廉——波斯頓（Joanne Wieland-Burston）在《孤獨的誘惑》（*Contemporary Solitude: The Joy and Pain of Being Alone*）（二〇一八年）一書裡，闡析當代精緻的孤獨文化，她發現當代人不再有族人可以相依，不再有上帝可以歸屬，因此孤身一人過日子的情況之多，達到前所未有的高峰。余德慧教授為這本書的中譯本寫下〈導讀〉，主題為「人生的基調就是孤獨」，直接和本書作者的主要思想相互呼應，可謂慧眼獨具。

余教授認為孤獨並不是一種情緒，而是一種處境底下的心境；同時他認為，想要治療孤獨，不該消除孤獨，而是要享受孤獨，如作者在斷定「關係之必要」的同時，盡力地闡析「孤獨之苦」，且在「害怕孤獨等於提出了問題」的自知之明之下，進行全面「孤獨」意義的探討，展開「孤獨的追尋」，實踐其剋就孤獨以消解孤獨之苦的心理治療；其間，他一方面分析精神分裂世界裡的孤獨，一方面理解回歸自然的趨勢，而倡言「投身到自然之母的孤獨懷抱」，以找回孤獨的靈魂，終扛起自己的孤獨。如此「孤獨之必要」，就在他針砭當代「氾濫的孤獨文化」（這幾乎快變成一種時尚的生活態度，如時下宅男宅女之所作所為，往往肇因於個人主義與利己心態）的同時，要我們去尋找個人真真實實的個體性、獨特性與主體性，而這三者之間是可以相互調和的，它們亦不排斥社群的生活，以及和任何他者之間的來往和交際。

顯然，在這網路鋪張與媒體張狂的年代，我們該如何一方面期待「灰姑娘」的成長，一方面又不沉溺於「孤獨英雄」的狂想曲裡，做一個拒絕一味地遁入孤獨的誘惑裡的勇者與智者，而好整以暇地「大隱隱於市」，來好好品味人生的美好，又同時能夠享有大自然母親溫暖的懷抱。如此一來，我們才可能在自我（the self）和他者（the other）之間，維持生命比重的均衡以及生活趣向的和諧，而盡量地設法根除孤獨之苦，真正地享受孤獨之樂。

當然，家庭作為我們免於被孤獨之感所苦的避風港，也需經過一番自我的反省、自我的革新、自我的挑戰與自我的超越，而後才可能真正懂得如何在人群裡獨處，而且能夠安然自在地享受真真實實的「存在的孤獨」。

存在主義先驅齊克果（S. A. Kierkegaard）一生孤獨，他一方面高唱「主體性即是真理」，顛覆了素來以追求客觀性為鵠的的傳統知識論，一方面則以身作則，將我們存在的意義幾乎全部濃縮在一個個獨立於世上的個體性裡。因此，他鄙視那些無端在人群裡迷失的上帝子民，且反諷地說：「最難成為基督徒的，就是那些基督徒。」而終其一生，短短四十二年，齊克果的確「夠孤獨」，也的確「夠存在」，而在臨死之際，他竟如此交代：「我的墓碑上，只要刻上這一句『這裡是一個人』就足夠了。」原來，齊克果自認為他只是以「一個人」的狀態活著，不需名分，不用稱呼，更不必牽親引戚，用不著關係糾結，因為他始終接納孤獨，正視孤獨，默默地品味著存在的孤獨。

也許，孤獨者並不一定最強大，但能夠一個人自自在在地生活著，已然大有機會深入生命的真諦，雖然人群不必然會誘導我們無緣無故地離家，也不一定會讓我們任意斷送自家珍貴的祕傳。

也許，群居終日而言不及義，或者，飽食終日而無所用心，都很可能是在浪費我們這有限的生命，而眾樂之樂其實無法完全取代獨樂之樂。此刻，在人文與自然始終相互抗衡的年代，我們一方面要服膺「大自然是最好的療癒良藥」，另一方面也不能不隨時揚棄那些單一、偏激而封閉、固結不通的價值觀。邁可・桑德爾（Michael J. Sandel）擔心，「錢買不到的東西」幾乎已不復存在，或許他不是杞人憂天，而是在警惕我們，希望我們能夠奮力解開世間功利、權位與名聲的枷鎖，以便揭開獨一無二且無可替換的生命寶藏。

如果孤獨真的能夠為那甘願孤獨者帶來好處，特別是對那本來不得不忍受喧囂、吵雜與動亂的這副身心大有助益的話，我們又怎麼需要害怕孤獨、拒絕孤獨呢？如果我們都能夠秉持理性行事，且清醒地在人我之間來回走動的話，有時短暫的孤獨或許會有意想不到的妙用。

想想：在一對本來愛得火熱的戀人之間，突然有人闖入而橫生枝節，此時，如果有一方即時冷靜下來提議：「讓我們暫時不要見面，一個人孤獨地和自己相處一段時間看看。」或許，如此地用「一個人」的心緒來料理「兩個人」的情緒，是有可能把問題解決，避免發生憾事，甚至堵絕了可能發生的悲劇。

當然，讓一個人孤獨地過一生，不僅不太可能，甚至違反了一般人性。邁可・桑德爾曾經提出他用來反對功利主義的一項質疑：「不同的價值之間有單一度量衡嗎？」他以哥倫比亞大學的社會心理學家愛德華・桑戴克（Edward Thorndike）為了證明「世上所有的禍福都可以用單一的度量衡來做計算」的主張，而對申請救濟金的青年所做的調查為例。桑戴克教授在這項調查中，設計了一份問卷。在問卷中，問年輕人願不願意去忍受底下這些痛苦而因此可分別獲取多少數額的金錢。底下是他調查統計的結果：

1. 拔門牙　四千五百美元
2. 砍腳趾　五萬七千美元
3. 吃蚯蚓　十萬美元
4. 掐死貓　一萬美元
5. 在美國堪薩斯州某一離任何城鎮至少十英哩的農場度完餘生　三十萬美元

顯然，這樣的調查有點可笑，更有些荒謬，因為痛苦的種類與屬性千差萬別，無法論斤稱兩，用金錢來計算「痛苦的代價」。不過，這問卷設計中的五種「痛苦的」事情，只有最後一件是屬於心理與精神層次的——孤孤單單地獨自一人過一生，而它竟可以換算成三十萬美元的最高價，可見一般人打從心底不願離群索居，也不願一輩子只和自己相處，特別在這「全球一家」的年代。

因此，我們似乎可以說：「孤獨無價」。有時候，孤獨甚至是難得的機會，是上天賞賜的恩澤。孤獨自然有苦也有樂，其中滋味確實值得細細品嘗。儘管俗話說「獨樂樂不如眾樂樂」，但有一些「獨樂之樂」卻不是其他人可以共享的，特別是那一些發自心靈深處而不必向他人（包括枕邊人）訴說的——這不是自私自利，而是我們作為「一個人」所理當保有的一點點與生俱來的特權吧！它一點也不擾人，一點也不傷人。

《小王子》書中的主角——小王子，在我們地球成為他探訪的第七顆行星的時候，他很驚訝：地球竟連個人影也沒有，他只在沙漠中碰到一隻蛇。小王子便和蛇對話，他禁不住問蛇：「人都在哪裡呀？沙漠裡有點寂寞……。」蛇便回他：「在人群當中一樣寂寞孤獨！」看來，這隻蛇還蠻了解人類的。後來，小王子穿越整個沙漠，竟然只再碰見一朵花，那是一朵毫不起眼的小花。小王子又問了小花：「哪裡有人？」小花說她只見過一個旅隊穿過沙漠，然後又補上一句：「他們沒有根，所以生存不易。」

確實，孤獨與寂寞是可以在熱鬧的場合裡被發現的，一旦我們生活沒有重心，便像是失根的花朵，遲早凋零。那些習慣孤獨情境，懂得寂寞滋味的人，至少不會像匆匆涉足沙漠的旅人，忘了沙漠裡有綠洲可以尋覓，有水草可以追逐——原來，一個人便是一處綠洲，每一顆心都可以是一株株生趣盎然的水草。

如今，不大不小的地球已經住了七十七億人，小王子不用再擔心撞不到人；但如果他還是只喜歡和蛇、小花、玫瑰、狐狸做朋友的話，他也許無法真正了解人們的孤獨與寂寞。不過，既然小王子曾經感慨人們總是缺乏想像力，那麼這七十七億人居住的地球作為小王子曾經偶然現身的星球之一，加上荒涼的非洲沙漠又是小王子最後消失之處，也是讓《小王子》的作者憂傷地等待小王子再度翩翩到來的地方；彷彿外星人的小王子如此地來去無蹤，不也就是七十七億人共同的命運？

而二〇二〇年的新冠病毒全球肆虐，讓成千上萬人孤獨地死去，而這些人在告別這一生之前，應得忍受彷彿無端遭人遺棄的寂寞與苦楚。當然，這是全人類共同的悲劇，不管病毒的致死率有多高，或者低到讓有些人根本不把它放在心上。

如果被病毒侵襲的身軀大多可以恢復健康，那麼他們在染病期間曾被孤獨地對待，以及那些被暫時孤獨地隔離者，此次應該可以算是百年難得一見的生命教育了。其間，被迫必須孤單的人仍可出聲，而他們亦有著一顆熾熱的心；由此可見，珍貴無比的哲學種子，正靜悄悄地在人生的荒蕪裡，冒出青翠細嫩的思想芽蘖。

孤獨者不管是心甘情願，或是迫不得已，他們很可能不會太在意苦與樂，以及幸或不幸。不過，人生總是有苦有難，有災有禍，無論是我們獨自一人去承擔，或是眾人一體共同來負荷，苦難總是有時盡，災殃與禍患也不至於動輒從天而降，或是像那毫無來由的意外，惹得人心惶惶。

在此，就讓我們一起來設想：如果不幸落入苦難的現場之中，我們是否還能夠獨自一人吞忍那苦難的滋味？或者，我們理當眾志成城，同心奮力來消災解難、離苦除厄？

On Scene
2

苦難的現場

權力意志（will to power）是一種去克服的欲望、一種去
成為主人的欲望、一種對敵人的抵抗，
以及一種對勝利的渴求。
—— 尼采

人生是一連串的不如意？

俗話說：「人生不如意，十常八九」，佛陀斷言人生的本質是苦（有所謂「八苦」、「十一苦」），而且人終身被業力所牽引、所控制；基督信仰則認為我們人一出生，生命便帶著原罪，便不得不在造物主的命定（destiny）裡過一輩子。由此看來，人生似乎是一連串的苦難（suffering）接續而成，而世上更是處處有苦難，時時有災難，人人有訴不盡的苦痛與悲傷，亦難免憂慮、驚怕與恐懼，更不得不在艱苦、辛苦的勞動裡討生活。此外，人又必須提防難以逆料的病變、擾嚷、混亂、衝突，而因此得學習忍受、承載、負荷、接納，甚至被迫吞忍著種種形態的苦難，甚至必須努力去超克苦難，以及隨苦難而來的所有生活的暗黑與生命的軟弱、不潔、不淨、恥辱、難堪、不公、不義和種種的限制、迫害、閉鎖、囚禁，以及由於自甘墮落、自我沉淪、自我毀滅所引來的生命內在苦與難。

而苦難究竟從何而來？苦難又有哪些類型？面對苦難，除了接受與抵抗之外，便別無他途嗎？也許，我們與生俱來便有翻轉苦難、化解苦難的能力。而世界的苦難除了偶發與突發的天災之外，其實大多是人為造成的，特別是生活中一般性的苦痛和個別生命裡特殊的苦難，以及人類集體製造的苦難——戰爭，它總是挾帶著大量的死亡、傷殘、饑餓、匱乏、遷徙、流離、動亂，以及無以數計的滅絕。此外，情感的打擊、意志的受挫、心靈的折磨和精神的消蝕、萎弱、挫敗、悲恨、悔憾、空虛、寂寞、苦澀、不安、……皆是苦難的副作用，甚至都是由苦難變形或複製而來的。

在此，就以人類學家德日進的觀點為例，來說明苦難發生的緣由。德日進認為苦難主要有三個來源：一是成長的苦難，二是失調的苦難，三是死亡的苦難。除了上述具有進化論意味的考察之外，面對苦難，還有哲學和宗教這兩種主要的立場；而哲學家的意見相當分歧：叔本華認為苦難根源於人的非理性（盲目意志），尼采認為是人自身的脆弱與軟弱讓苦難糾結在人間。齊克果則以為人之所以有苦難，是因為人不知自身即是主體而憂懼始終糾纏著這一身。

為了闡釋「苦難」的意義，沙特引進「虛無」的概念，卡繆更以「荒謬」概念統括人類存在的不可靠、不可解。由此看來，苦難始終到處肆虐，從個別的生命，到群體的生命，以至於整個民族、整個國家、整個社會、整個時代、整個世界，苦難恍若野草般蔓延，有時更如同野火般一發不可收拾；而社會性的苦難則往往與社會發展的歷程，以及社會環境的更迭，有著密不可分的關係：

如果從大社會出發，與生存條件的深重苦難相比，這種與封閉在小社會裡的感受者視角相關的地位之苦必然是「完全相對的」，即如常言所說，完全是不真實的，其用意通常要麼是責備（「你其實沒什麼可抱怨的」），要麼是安撫（「還有比你更慘的，這你是知道的」）。可是，只講生存條件的深重苦難而排斥其他一切困苦，無異於對很大一部分反映社會秩序的困苦視而不見和不理解。因此，社會秩序已經使大苦大難有所減輕（不過尚未達到人們所說的程度），可是在社會分化的過程中，社會空間大大擴展（特殊領域和次領域），從而製造助長各種日常困苦空前加深的條件。

（皮埃爾．布爾迪厄〔Pierre Bourdieu〕，《世界的苦難：布爾迪厄的社會調查》，二〇一七）

此外，從宗教角度對苦難進行解釋，主要有無神論和有神論，無神論者認為苦難是自然的，沒有理由，因此無須去尋找超自然的原因，如疾病與死亡，純粹都是身體自然的現象；有神論者則認為苦難或災難、災殃，出自神的旨意與能力，是神對人的警告、懲罰、考驗與試煉，如《聖經》中亞當與夏娃、亞伯拉罕與約伯的遭遇。因此簡單地歸納，苦難至少有四個層次：

1. 生理與生活現實層的苦難。
2. 心理情感與意識層的苦難。
3. 心靈與精神層的苦難。
4. 終極且終究難以理解的苦難。

不管苦難從何而來，不管苦難合不合理，也不管我們是否能夠超克苦難，消解苦難，我們唯有先面對它，甚至接受它，才可能有機會戰勝它。如米蘭．昆德拉所言：「我痛苦，故我存在」，這話一點都不消極。還有人說，苦難是宗教的主題，是信仰的課程。所謂「苦難神學」，它所闡釋的道理，便是在探究「苦難」的超越意義與終極意義。

眼前，這世上出現各種類型的苦難現場，要說「苦難就在你身邊」似乎一點都不誇大；當代世界許許多多的苦難都來自人們自己製造的不公與不義。難怪《聖經．詩篇》有如此警醒人心的話：「世人啊！你們默然不語，真合公義嗎？」看來，沉默往往是不公不義的共犯與幫凶。

全心全力為那些遭受不公不義，甚至是非法審判而遭受苦難的人們仗義執言的美國律師布萊恩．史蒂文森（Bryan Stevenson）曾經沉痛地感歎：「貧窮的對立面並不是富有，貧窮的反義詞是正義。」顯然，在世上的苦難之中，有相當大的比例，源自於不公與不義，而世上許許多多的不幸與悲劇往往是人們自行招惹來的，甚至是自導自演，以至於自作孽，而竟自取滅亡，自掘墳墓。由此看來，那足以對抗不公不義的同理心與仁慈之心，才理當是消弭苦難的上上之策：

檢測一個社會品格的尺標正是同理心。「同理心的喪失，足以摧毀一個社會、一個國家、一個民族的尊嚴；恐懼、憤怒讓我們變得好鬥、殘暴、不公和不義。」我們拿什麼對抗社會品格的日趨淪喪？眼見「推定有罪、貧窮、種族偏見，和其他數不清的社會性、結構性、政治性的因素交互作用後，創造了一個錯誤百出的系統，迫使數千名無辜的人至今承受著牢獄之災」，如此還能坐視不理、袖手旁觀嗎？史蒂文森無力摧動，只能低眉勸謂：「若失去仁慈之心，我們終將因此備受折磨」。

（布萊恩・史蒂文森〔Bryan Stevenson〕，《不完美的正義——司法審判中的苦難與救贖》，二〇一六）

既然生活在苦難之中，我們理當作理性的省思，來尋求哲學思考的解答與心靈內在的慰藉；同時，我們還可以從事信心與信仰的自我修為、自我鍛鍊、自我造就與自我超越，甚至尋求超越力量的拉拔與拯救。縱然苦難本無意義，我們卻有能力賦予它意義；縱然苦難原無出路，我們仍有機會為它開出一條活路、一條可以引領我們走上平安、寧靜、祥和以及充滿陪伴、協助與慰藉的道路。

在此，就讓我們為世上的苦難作見證。縱然短時間內，無法完全消除世上一切苦難，但仍須兼具智慧與勇氣共同來努力；親近苦難，深入苦難，並與苦難同在。甚至深入苦難現場，和一切受苦受難者同住共食，陪伴在他們身旁來安慰他們，幫助他們。

此刻，世上最大宗的苦難就是戰爭所製造的苦難。而被苦難折磨，因此被迫離開家和國的人們——即所謂的難民，更值得我們的關切，我們的陪伴與安慰。古代猶太人流落埃及，幾乎成為世上最早出現的難民；他們最終回到了流奶與蜜的迦南地，因為他們眾志成城，決心返鄉，又有上帝的指引與摩西的領導：

西元前一二二三年埃及法老梅尼普塔即位第三年，埃及軍隊向巴勒斯坦的進軍中，對逃亡到那裡的一部分以色列人發動了一場殘酷的戰爭，並征服了他們。當遠征軍凱旋歸來時，埃及人以這位法老的名義立了一塊慶功碑。碑上用古埃及文記載：

大王們征服了故人，

眾口報平安。
赫人的土地安寧了，
以色列已化為廢墟，
但它的種族並未滅絕。

是的，信仰戰勝苦難。以色列人屢遭磨難，卻沒有被滅絕。他們在渡過紅海之後，抱定返回故土的遠大目標，歷經千難萬險，在條件惡劣的西奈半島上艱難跋涉，周而復始，度過了長達四十年的流浪歲月。

（張文建，《信仰戰勝苦難——猶太教》，一九九八）

如今，這樣的苦難仍然以不同的方式持續地蹂躪著那一塊土地，仍然在以牙還牙、冤冤相報的鐵律中，繼續折磨著那一小塊土地上的人們：

在隨時可能滅國的思維陰霾下，不論是經濟上還是軍事上，以色列人都要強大才能自保，這大概是對的。但因安全之名而做的事，卻漸漸使他們由脆弱的雞蛋變成帶刺的冰冷高牆。約旦河西岸又稱為「被占領的巴勒斯坦」（Occupied Palestine），而另一邊的加薩走廊，更是接連遭受以色列的戰火蹂躪——居住於此地的巴勒斯坦人，已成為在高強之下生活著的雞蛋。

（林建，《旅行在希望與苦難之間》，二〇一四）

看來，仇恨正是世上苦難始終無法消除的根源；而歷史的苦難與民族的苦難，不是宿命，而是眾人必須承擔起的共業。為了根除仇恨，消解苦難，超越命定，猶太人以皈依上帝的信仰來壯大自己，甚至武裝自己（這自是一種精神的武裝、一種生命的武裝），來對抗所有的世上之敵。至於高呼「上帝死了」的尼采，則藉由「超人」理想的力道，企圖站上此生此世的生命高峰來直接面對苦難，深入苦難，甚至為苦難代言，而終至於瘋狂。因此，如果說尼采是最懂得生命與苦難同在的哲學家，耶穌則是最懂得罪與苦難同根同源的宗教家，應該不是過甚之辭。

如今，世上還有許許多多的難民，因為不公不義的戰爭以及種種人禍，而始終無法回到自己生命理當歸屬的家園，這是多麼值得我們付出真實關懷的現實苦難呀！

不過，在這多災多難的星球上，其實我們都是某一種意義的「難民」。當然，世上大多數人仍然有家有國，仍然有固定的住所，而不必到處漂泊，到處遷徙。然而，當那平地無端起風浪的動亂一波一波地湧現之際，誰又能平心靜氣地面對？誰又能若無其事地冷眼旁觀？

在疾病四處蔓延的過程中，不難發現有人驚慌過度，不知所措？有人恍若置身事外，一味逃脫？亦有人幸災樂禍、推托卸責，無端叫囂？

其實，一旦災難臨頭，禍患隨身，是誰都無法迴避的。想想，眼睜睜地看著至親或摯愛被疾病纏身，輾轉病床，誰又能好整以暇地置身事外？如果說災難是公平的，甚至說，在這天地之間，其實沒有真正的仲裁者；在包圍我們的大自然之中，又是否能找得到主持正義的公正人士？這麼說，似乎有點過了頭，反而讓人覺得有些冷血、不近人情。

且讓我們聽聽兩千多年前的智者——老子，他在斷言「天道無親」之後，接著便說「常與善人」。意思是說：天道自然，看似冷酷無情，其實總是對世上真正的好人施恩賜福。老子這番話所蘊含的道理實在耐人尋味。只是我們經常誤解「無親」的含義，更對所謂的「善人」做了許許多多「不善」的舉動。

然而，不管苦難是源自天災還是人禍，我們都必須冷靜以對，也不能怨天尤人。確實，承受災難需要勇氣，要進一步超越災難則需要智慧。怕的是我們竟落入宿命論的心結與情結，終至無法卸除苦難的壓迫，而裂解「命運的枷鎖」。

本來，我們活在這世上，會好奇，會發問，會去試探，會去追究，其實就是因為我們知道的比不知道的，實在多太多了。難怪災難臨身之際，總教人心驚膽顫、慌張失措，而那一時之間讓人喘不過氣的命運之感，彷彿一塊大石頭重重地壓住我們的胸口。

既然如此，就讓我們一起來敲開「命運」這一扇門，看看能不能敲出當年那幾乎耳聾的樂聖貝多芬都聽得見的四個沉重音符。更進而登堂入室，看看門後到底是何光景，又藏著什麼祕密，或有什麼不為人知甚至不可告人的稀世之寶。

On Scene
3

命運的現場

我反叛，因此，我存在。
—— 卡繆

是否真的有命中注定？

俗話說：「死生有命」，莊子則直言：「死生，命也，其有夜旦之常，天也。」（《莊子・大宗師》）死生就如同晝夜變化一般，是自然的道理。當我們碰到某些無法憑藉個人的力量扭轉事情時，總是難免感嘆：「這難道是命中註定？」看來，對小小的自我而言，「命運」已然形同謎語，而「命運」之感始終如影隨形，始終在我們的心頭撒下了一大塊的陰影，教我們活得不輕鬆，活得不自在。

從哲學的立場和觀點看來，「命運」之觀念值得我們認真思考，它往往和「自由」相提並論，成為一組對比、對反的概念。一般說來，「命運觀」

幾乎與「決定論」同義，而「命運」之對反於「自由」，其主要的意義乃在命運是自由的反義辭。一旦受制於「命運」，我們做為人的自由很可能喪失殆半；如果我們能夠超越「命運」的束縛和宰制，至少可以獲致生活所需的「自由」之感，而得以發揮生命之潛能，實現生活之想望。如此一來，「命運」思考恰恰是我們一生中進行重大抉擇的前提與前奏，除非我們全然摒除「命運」之感受、揚棄「命運」之觀念；否則，我們便必須與「命運」共在共舞，甚至和「命運」進行那幾乎要耗費我們終身之氣力的拔河。

俗話說：「富貴在天」，孔子則云：「不義而富且貴，於我如浮雲」，顯然直接挑明：「富貴」是既定之數，也是偶然之事。一方面，富貴由上天決定；另一方面，它又如浮雲一般，去來無可預料，而且終究成空，如夢幻一場。

不過，孔子終究是達觀的。他說自己「五十而知天命」（《論語・為政篇》），又說：「不知命，無以為君子也。」（《論語・堯曰篇》）知知天命或知命，都是對命運的一種深度理解，並且試圖超越命運，改變命運。這也就是所謂的「轉命為義」，將人生的限定當成是對人生的挑戰，而且認為這是我們理當擔負的使命與義務。

由此看來，如果我們說，人生種種嚮往、種種企求（追求富貴乃其中之主軸），皆由「命運」決定，皆屬「命運」之範圍，那麼，不管「命運」是否具有絕對的決定性與宰制力，我們都必須把它當作是我們生命中一項重要功課、重大挑戰，特別是因為「命運」已然成為千真萬確的感受與觀念，我們顯然已經無法把所有和「命運」有關的思考、論述、故事以及諸多難以查考的傳說與神話，當作無稽之談。因此，我們理當通過個人理性思考與實證經驗之分析，來了解「命運」究竟為何物，而它和我們的人生究竟有何牽連，有何關係。

而「命運」之感究竟從何而來？西方最古老的一本書——荷馬史詩，就已出現「命運」（Destiny）這個辭彙和概念，因為古希臘人普遍相信諸神是天地間的主宰，而人既定的命運便來自此一主宰力量，甚至連命運也是諸神的主宰，即神都逃不出「命運」的掌管，例如英勇的赫克托爾和飛毛腿阿克琉斯戰鬥，此戰鬥結果——誰輸誰贏，天神朱庇特竟透過「算命」早就料定。

可以說，我們有命運之感乃緣於我們生命的有限性、人生種種的不確定性以及無可預知的諸多定數與變數。而在定數與變數不斷地加減乘除之下，「命運」往往成為一種流程、一種結局、一種寫照、一種具有總結性、概括性與決定性的論斷與評定；因此，「命運」往往是無可奈何的一連串感慨，它又彷彿是一長串的驚嘆、一陣始終無法自抑的欷歔。

確實，古往今來，人們一直在尋找人生終究的解答，而「命運」卻總是讓我們放下尋找的念頭，停下腳步，不再往前，或許它只是被利用來作為托辭和遁辭，或許它只是讓我們可以繼續奮力向前的休息站，而不是終點。

一般說來，我們對命運的感知總是難以捉摸，卻也往往一觸即發。而「命運」如流星一般，稍縱即逝；任何意圖解釋「命運」，打開「命運」暗箱，最後往往徒勞無功。

從來人們對命運的詮釋並不一致。大體而言，主要有兩種看法，一種是把命運當作神祕的力量，冥冥中主宰人的一生；另一種是把命運看作人生的規律，雖可歸屬客觀世界，但仍可被認知和掌握。一般人對命運的感知，多從不可捉摸的偶然觸發著眼，而把人生的成敗得失歸諸於某種超越者、絕對者、無限者或主宰者，於是從偶然到必然，從表象到真相，從可知到不可知，不斷地迤邐出一道道如同天梯般的險路；其間，有的人著火入魔，有的人搬神弄鬼，有的人低頭無語，默默承受外力的宰制。終究，在人們眼底，命運女神的性情總是暴躁的、乖戾的，絕不是我們的理智所能全然測度的。

從「凡事必有因」，到全然相信「命運」具有完全、絕對、無可抵抗的宰制力之宿命論，我們擔心的是：人在宿命論的威力（甚至是淫威）之下，是否還能保有起碼的自由？是否還必須為自己的所作所為負責？原來，「決定論」（determinism）和「命運」之說彷彿是雙生之子。

由此看來，所謂「命運」是指凡事皆有其不變之定律，因此一切皆前定，凡事純屬必然。而「命運」之所以如此地擺布人，如此地捉弄人，主要有三個原由：

1. 世界自有其本性（nature），並因其本性而存在，而其諸多活動或現象皆受本性之決定。
2. 萬物皆有其定律（law），就物質世界而言，其存在的理由就在其內在之物理規律。
3. 有一個最高的存在物創造了一切，此即至高無上的創造者（the Creator），對主張一神論的宗教而言，這就是那全知全能的獨一真神（God），祂創造一切也主宰一切；可以說，命運自是上帝的旨意。

就一般情況而言，「命運」一詞往往同時包含限定、決定、規律、主宰等意義。在生活的現實中，吾人總有命運之感，而這種感觸或感知並不清晰，也無法全然肯定，因此，命運的內涵往往不甚明朗，命運的意義也不甚嚴格。

但在我們理解「決定論」的真正意義，並同時破解「決定論」的盲點與錯誤之後，我們顯然有著大好的機會，來保住個人豐厚的生活資源與生命資產；讓我們能夠奮力迎向生活的新境界，在運用個人生命的真自由，並承擔屬己生活的重責大任同時，好好來品味人生，享受人生。

在此，就讓我們運用清晰而明確的邏輯思考，在決定論和自由意志之間，做出讓我們依然可以從容看待人生明明白白的推論：

1. 決定論是正確的。詳言之，一切事件（包括人類的一切行為）都是早就注定會發生而無法避免的。

2. 對於注定會發生而無法避免的行為，行為人沒有決定要不要做的自由意志。

3. 行為人對非其自由意志所決定的行為，不必負任何責任。

決定論者之所以相信所有事件都是早已注定無法避免，乃是從「每一件事都有原因」這個信念導出的。我們現在不追問是否每一事件都有原因；但我們所要討論的是：即使每一事件都有原因，是否就可由此導出「每一事件都是早就注定非發生不可」這樣的結論？

（林正弘，二〇〇二）

顯然，「命運」並非實然之存在物，而把「命運」的觀念與思考放入我們生活日常的中樞——「自我」之意識底層，讓它揮發正向的力量，例如以「知命」的態度來為個人的安身立命，找到一條活路，而因此隨遇而安，自在過活，便是一種生活智慧、一種十足有效的人生態度。

可以說，相不相信命運，其實只是心理意識的一個面向、一個角度，和一個我們可以暫時歇腳之處。算命本是為了知命，為了解命，為了讓那些對自己的未來充滿疑惑者，可以得到某種慰藉、安頓。本來，知命者能「通天人之際」，而諳算命之術者，在一心企求「知人」的同時，更該有真正的「自知之明」，難怪老子明明白白地說：「知人者智，自知者明」。

懂星象又通人事的占星學家瑪法達曾經肯定占星之術彷彿心靈雞湯，能夠療癒人心，也宛如另類的哲學工作者一般，說出這段蘊含哲理的話來：

Life is not about finding yourself. It is about creating yourself.

瑪法達還特別指出：「生命」這個詞，在「命」字前多一個「生」字，彷彿命運開啟了火花。（自由時報，文化週報版，2019/7/14）確實，「命運」是個活潑的觀念，它隱藏著生命內在之媒、內在之力，就看我們怎麼運用它，怎麼讓它催發一己生命向前、向上、向未來的無可限量的生命動能。

我們都不希望自己「惡運連連」，冀望自己時時「鴻運當頭」，這樣的念頭其實是一種「正念」。在這世上，又有誰真正「好命」？說某人「真好命」，往往也只是表面的讚嘆之辭。

此外，除「改運」與「補運」的迷思之外，我們在相當的程度上，確實可以憑一己之力來「轉運」。運命，運命，運自己的命，如此一來，當我們有了恰當而合理的命運觀，我們的生活與生命即可如虎添翼。道一句「時來運轉」，是多麼鼓舞人心呀！

佛經云：「心能轉物，即同如來」，確實，說「一切唯心造」或「一切操之在我」，並非誇大之辭。我們自問：「命運」的迷思究竟該如何破解？也並非無解之題，在設法超克「命運」觀念的束縛，掙脫「命運」思考的綑綁同時，我們確實可以把「命運」放入括弧裡，而學學莊子，來個「六合之外，聖人存而不論」。此外，當代哲學的主流之一——現象學所提示的「意義還原」之道，似乎可以用來破解「命運」的魔力。

如果命運如鎖鏈一般，我們又豈能甘為囚徒？如果命運似十字路口，我們又該何去何從？底下三種生命態度、三個精神境界，或許可以幫助我們建立足以壯大個人生命的命運觀：

1. 要解命，不要只是算命。
2. 要轉命，不要只是抗命。
3. 要造命，不要只是順命。

「解命」是真智慧，它讓我們從過去一路探向未來；
「轉命」是真修養，它讓我們從自己全面走向他人；
「造命」是真本事，它讓我們從內心自發邁向世界。

如此一來，或許「命運」之謎可以逐漸地撥雲見日，真相大白，而我們也終就可以做自己命運的主人了。當然，任何人都必須承擔與生俱來的限定與命定——它們自是一種阻礙、一種壓力、一種挑戰，正如卡繆讓那被諸神懲罰的西齊弗斯認定推巨石上山（當巨石不再從山上滾落，懲罰才能終止），乃是他終其一生的責任，我們又如何能在命運的重力加速度之下，妄想脫身而逃呢？

想要真正成為自己命運的主人，我們顯然必須從幽暗的過去脫身而出，滿懷希望地迎向光明。一九五七年卡繆獲得諾貝爾文學獎，頒獎時委員會介紹卡繆，稱他是「存在主義作家」，而卡繆的存在主義之所以又曾被戲稱為「荒謬主義」，只因他認為人生本就是荒謬的，沒什麼道理可講，如同他筆下《異鄉人》主人翁莫梭（Meursault）的一生，充滿著不可預測的意外與難以理解的荒唐行徑——在母親的葬禮上沒掉一滴眼淚的莫梭，竟在葬禮結束後尋歡作樂。而後莫名其妙地意外殺人，被判處死刑，且堅持不為自己做任何的辯護。其實，這分明是反社會、反世俗的作為，如同卡繆本人。早年家貧，半工半讀，後來肺病纏身，無法參加大學教師的資格考試。二戰期間，卡繆參加反德的地下抵抗運動，負責反德雜誌《共和晚報》、《巴黎晚報》與《戰鬥報》的編輯出版。成名之後的卡繆，竟在一九六〇年一場迄今仍讓人無法完全釐清原由的懸疑車禍中不幸過世，享年僅四十七歲。看來，卡繆一生和他小說主角的遭遇，竟然有著教人歔唏不已的類似性，這恐怕是這位傑出的哲學家、作家料想不到的。因此，以卡繆和他筆下的莫梭為例，我們不禁要感嘆一句：「命運真是會捉弄人啊！」終其一生，卡繆已在相當的程度上超越了荒謬，超越了命運，因為他一直信心滿滿地迎向自己的未來，縱然結束卡繆一生的那場車禍有些荒謬。至於莫梭則不然，他基本上可被認定是人生的失敗者，彷彿是一位一直無法參與真實人生，而真正立足於此生此世的異鄉人。

或許，我們可以在命運的巨大投影下，問問自己：「希望從哪裡而來？又往哪裡去？」如果命運之感是由過去人生的積澱發酵而來，那麼，希望能夠翻轉人生，並讓我們順利解開命運的鎖鏈，或許是因為它的魔力從天而降；彷彿春天大地處處露臉的嫩苗一般，自一塊塊心田破土萌芽。

On Scene
4

希望的現場

存有即奧祕（Being as Mystery）。
除非有「絕望」的誘惑，否則便沒有所謂「有希望」。
—— 馬賽爾

面對未來——能夠追求什麼？

「希望」縹緲不定，給人的感覺總是不太真實——它若有若無，忽隱又忽現，彷彿一張美麗的臉龐無端地被蒙上了一層薄紗。但只要細心思量，我們不難發覺，「希望」概念挾帶著極其豐富的哲學意涵，它甚至試圖將我們生命內在的奧祕給披露出來。

希望本無聲無臭，卻是人人所共知、共感的精神元素。在此，且先讓我們仔細聽聽這個古希臘著名的神話故事：

潘朵拉的盒子（Pandora's Box）

當好奇的潘朵拉把盒子打開時，種種諸如饑饉、疾病、戰禍、嫉妒、讎恨等苦難飛出來，從此散播世間，大驚之下的潘朵拉慌忙把盒子關起，而唯一剩下來的禮物就是「希望」。這雖然只是一個故事，但卻能把人類存在的處境說明。人生世上，要不要好好珍惜這一份希望，就由世人自行定奪吧！

（關子尹）

確實，如何珍惜每個人心中的希望，不管它能否真正實現，均考驗著我們的智慧與勇氣。

此刻，我們該想想我們自己，想想我們的過去，想想我們的未來，想想我們是否還有共同的希望？而我們共同的希望又是什麼呢？或許，希望是深藏於我們心底的暗流，它時時刻刻都在湧動著。當我們的生活必須有所更新，我們的精神必須自行振作的時候，希望更彷彿是與生俱來的天然酵素。因此，若說人類是唯一懂得「希望」並且同時擁有「希望」的動物，是一點也不為過。

「希望」至少有五個側面的意義：歷史、社會、文化、精神（心靈）與生命終極的向度，都有希望的因子如空氣一般流動。而希望就恰好介於過去與未來之間、現實與理想之間、黑暗與光明之間，以至於邪惡與良善之間、生命與死亡之間，和此世與永世之間。

此外，心存盼望，意在言外，不恰好如同基督三德以「盼望」連結信仰與大愛？而湧自內心深處的希望與祝禱也彷彿佛菩薩無上之願力（如「四弘誓願」）——先有無窮的願力，而後才有無盡的願景？

就哲學思考而言，我們決志永不絕望，永不放棄，永不屈服，永不投降，亦是正面回應德國哲學家康德：「我們究竟能夠追求什麼？」的哲學提問？而當代哲學家如尼采、海德格、馬賽爾，都一樣篤切地認為「希望」在人類精神與心靈的世界中，往往能夠引發無可預料的深遠影響。

如今，世人因疫情蔓延，而落入失望甚至絕望的愁雲慘霧中，我們是否該如此自問自省：「面對未來，我們還能夠心存什麼希望呢？」至於能否進一步追求無比美好的生活願景，就需要我們鼓起更大的勇氣了。

在追究「命運」的哲學意義後，需一再地提醒自己，得同時具備真智慧、真修養和真本事。這三者實乃相互串連，且前後有序；先有智慧，才能夠有真修養；有了真智慧和真修養之後，才能夠擁有真本事——讓我們能夠解命、轉命且造出新命的真本事。如此接續成人生坦途，其間顯然有著一條條不可或缺的聯繫、一座座貫通兩端的橋梁，以及一道道可以讓我們步步向前並緩緩上升的階梯——它正是用我們的希望、盼望與期望，以及我們對未來，對他人，對世界永不休止的關懷與探索的自主意願積累、構築而成。

有人說，人類是唯一懂得希望的動物（存有者）。康德如此提問：「我們究竟能夠追求什麼，能夠企求什麼？」如此大哉之問，其實已然探入了「希望」的意義核心。

至於基督信仰，包含「信、望、愛」三種基本的德性，其中，又以「望」為連結信與愛的中介與媒介。顯然可見，「望」（希望、盼望）之為德，實隱含十分神奇的力量。

佛教則強調誓願之力無可限量，祝願之心無比廣大，其目的就在直接闡明：願望真有力（即是所謂的「願力」，有願就有力，有願就有景）。確實，有了希望，便有了一切的可能，只因念力無窮，至誠無礙，心量無可估算；其間，「希望」恰似酵母之菌，能使清淡之水變得芳香甘甜無比。

懷抱信仰的法國哲學家馬賽爾曾說，我們都是「旅途之人」，始終在此岸（現世）與彼岸（來世）之間行走，他認為只有經由希望的牽引，我們才可能由此岸渡向彼岸，由現世邁向來世。其間，我們必須始終心存盼望，將自己開放朝向未來、理想和彼岸與來世；也唯有如此，我們才能在這屬世的旅程終了之際，返回造物者的懷抱——我們生命的原鄉，它正是世上一切希望最後亦是最圓滿的歸宿。

確實，「希望」充滿人文、哲學與宗教的意義。香港中文大學哲學系教授關子尹在〈希望概念的哲學反思〉一文中，曾如此精闢地點出：

「希望」這一回事，看來虛無縹緲，表面上給人的感覺並不實在，但只要細心思量，我們不難發覺，希望這概念攜帶著極豐富的哲學意涵，簡直把人之為人的本質充分地披露出來。希望無聲無臭，卻是人所共感。我們大概很難提出一套「希望的物理學」，因為「希望」在自然科學裡很難占有一席之地。但在人文的觀點下，我們或許可以提出「希望的形上學」或「希望的現象學」，並把諸如創造性、目的、價值、理想和生命導向等問題予以恰當的安頓。

接著，關教授對「希望」概念進行了哲學的分析，發現「希望」概念有著無比豐富的意義：

1. 希望必須緊扣人的現象去談論。
2. 希望是人類於生命旅途中展開的一種人文現象。

3. 人生於順境中尚且需要希望，於逆境和苦難中更需要希望。

4. 希望屬於未來，又與現在和過去構建成一微妙關係。

5. 一談希望，可能性（possibility）比現實性（actuality）更重要。

6. 希望如有一些「現實的可能性」（real possibility）為依據，當會有較大的實現機會。

7. 相反地，一些完全脫離現實可能性的希望，則易令人迷失。

8. 希望在真實或虛幻之間，往往存在著一個灰色地帶，這正是人類文化創造的空間。

9. 一個人需要希望，其理固然；而一個團體、一個民族，乃至於全人類需要希望，其理亦同。

10. 在社會的層面，希望同時可表現出一定的理想性，成為與現實上非理想抗衡的力量。

11. 希望的先天命運就是有被挫敗的可能。但無論先前的希望受到什麼樣的挫折，個人乃至群體，總不能放棄重新建立希望。希望這一回事，無可避免地帶有一定的悲劇性。

「希望」概念所蘊含的這十一個面向之意義，其實環環相扣，甚至一體成形，因為世上的希望幾乎無所不在，也幾乎無處不現身，它又彷彿隨時窺伺著我們的起心動念，教我們必須時時提防，並清醒以對，同時機警而縝密地觀察它來去無蹤的足跡。

電影《正義聯盟》中，有一段話發人深省：「希望就像一把鑰匙，縱使你不小心弄丟了，但只要你用心去找，最後總是會找到。」想想，我們幾乎都有丟鑰匙、找鑰匙的經驗，但是我們是否曾用心找過丟失的「希望」？縱然我們一直活在丟失甚至放棄希望裡。看來，「用心」談何容易！且「希望」總和我們玩起捉迷藏。

顯然，希望、盼望與期望皆蘊涵著等待、期待與接待的意思。因此，希望存活於時間的緜延之中，也同時躍動於生命本有的節奏之間；若說我們都活在時間的歷程裡，隨時隨地和周遭一切的生命共存共在，而且追求著自我的成長與滿全，就等於陳述我們都活在希望、盼望與期望之中——希望讓我們願意繼續活下去，而且希望能夠活得更美好，更接近理想。

其實，只要我們有想繼續活下去的強烈意願，我們便會與希望同在，與理想同行，而最終與一切的美好、幸福相遇。因此，我們或許可以似此哲學說：「『希望』內蘊時間性與未來性、現實性和理想性，且具有讓一切夢想成真的潛在性與可能性。」加上我們又無可迴避地，必須經常直接地自問自答：「我到底能有什麼希望、什麼願望？而我又到底具有什麼能力來實現希望？又到底做了什麼準備讓希望可真正落實，讓夢想終究成真？」由此看來，希望如影隨形，自始至終縈繞在心頭，而且不斷地對我們下一些看似隱隱約約，其實又明明白白的指令？

或許，「希望」是尚未完成的生命工程，是仍待我們回應的心靈方程式，它似乎不需我們花盡心思，只要我們專注、反思，只要我們心頭仍有一點靈明、一股熱情以及發自生命深處的體悟與醒覺。

而我們難免失望，難免一時之間失去了希望，甚至竟有「絕望」（全然無望）的感覺突如其來。而「失望」與「絕望」到底從何而起？從何而來？顯然，人生路上，縱非長路漫漫，卻也前途茫茫。因此，我們都需要希望提供生活所需的動能，以及信念、信心以迄信仰的支撐，來度過艱苦、傷悲、不幸與災難的考驗。

或許，信仰所夾帶而來的希望與盼望（它們往往是具有終極意義與無限意義的「終極希望」），更是無與倫比的生命深層動力。它讓我們勇往直前，甚至義無反顧地犧牲、奉獻以迄此生終了，例如《易經》六十四卦之終——「未濟」卦，不正明示希望永在，理想永存？而我們這一輩子又豈能任意劃下生命的休止符？「君子之光，其暉吉也。」（未濟卦象辭），此光即希望之光，而且是吉祥之光。

此時此刻，我們似乎必須自問：「我怎麼成為一位文質彬彬的君子？而君子又必須具備什麼樣的才與德？」如美國著名的佈道家約爾．歐斯汀（Joel Osteen）發展出所謂的「成功神學」，已引起不少關注與議論。他曾勉勵信徒們要效法歷代聖徒，做「信心的英雄」（Hero of Faith），而那些聖徒彷彿雲彩般，圍繞著正遭遇苦難與痛楚的人們，教他們不能失去信心，失去希望。

由此看來，我們至少要做「希望的英雄」（Hero of Hope），隨時心存盼望，不可喪志；也就是說，既然一心向著希望的源頭前進，便不得喪失那無終無極、無止無盡的希望——在真實的信念、信心與信仰裡，一心等待無限美好的救援、恩寵與濟度。

「希望」概念除了意味「時時心存盼望」的主觀意義之外，還有客觀意義的面向，特別是那些和人類文明與社會發展相隨相伴的面向。對此，宣揚人道主義的馬克思主義哲學家布洛赫（Ernst Bloch）便試圖通過「希望哲學」（Philosophy of Hope）的建立（布洛赫的代表作是三大冊的《希望的原理》），來消解馬克思主義的錯誤與困境。而布洛赫一心追求的，其實是美好的烏托邦，因此他的「希望哲學」根本就在烏托邦的理想裡，若要說它是「烏托邦哲學」也未嘗不可。

不過，布洛赫指出，一些馬克思主義的信徒往往過於側重客觀冷靜的經濟分析（即寒流），而輕忽了精神道德的傾向（即熱流），因此他將希望重新植根於人性之中，並同時保持著和社會文化之間緊密的連結，因此讓「希望」有了融合主客、溝通人我的意義，以及開放向未來的多面向人文脈絡：

1. 希望開放向人和世界共在，而且一起向前發展的未完成過程。
2. 希望是人類種種激情中最富有人性的激情。
3. 希望並非可有可無，因為它植根於人性內固有的需求，而且飽含著不可缺少的主體力道。

4. 人在希望中生存，甚至可以說，只有在心裡仍然存有希望，才可能繼續活下去。
5. 希望富有創造力，它甚至被喻為「人心裡的烏托邦」。
6. 希望充滿人道、自由與主體性的意趣。
7. 希望一方面隱含主客之間的矛盾（包括人和世界之間的對反性與辯證性），一方面則可以讓我們在這對立性與交互性之中，追求真真實實的自我實現之理想。

在如此抽象地分析「希望」之餘，我們可明明白白地肯定：任誰都希望自己的「希望」能夠實現，夢想能夠成真。但究竟要如何才能實現？又是否真的能夠實現？卻往往無法完全確定，亦無法預知預測，無法如同船隻拋錨下碇般，穩穩地鎖定住希望與夢想，定住理想與目標而全心看待，終身以赴。此外，希望又形同白日夢，讓我們彷彿在半睡半醒的精神狀態中瞧見一道道光發自遠處，而閃爍如繁星一般，在那暗黑的夜空裡指引著我們，就像童話故事總是以主人翁「最終過著幸福快樂的日子」收尾，這不就是運用希望作引信的生命想像嗎？

或許，「希望」的對反詞不是「失望」、「無望」與「絕望」，而是對未來的全然無知、對生命的全然無感，以及對一切美好的全然無趣。確實，我們是可以誠實地看待「希望」，認真地處置「夢想」，而永遠不要對人性以及人所創造的一切失去盼望，失去信心，而完全放棄，縱然我們所保有的希望十分渺茫，夢想已然無跡無痕。同時，我們也不能不相信：幸福由希望牽線，而樂觀終究與希望共住。

此外，飽含希望的樂觀主義以及樂觀的心態，始終湧動著本然的生命力，對我們的健康其實十足有益；相反地，悲觀、沮喪以及意志消沉、精神不振、心靈頹廢，則往往是身體的殺手。對此，科學家做了一項十分有趣的研究：

一項從一九四〇年代就開始的研究，科學家根據一批哈佛學生替自己生活事件下註解的文章，把他們分成悲觀組或樂觀組，並在三十年後檢查這些畢業學生的健康史。結果發現悲觀組的學生在四十歲後，會比樂觀組的學生有更嚴重的健康問題。在密西根大學中，也對進行繞道手術的病人做過同樣的分類；樂觀組的病人在手術時問題比較少，恢復時間也短。所以，樂觀主義即使是在緊張的狀況中也對健康有益。

（丹尼爾．高曼〔Daniel Goleman〕主編，《情緒療癒》）

顯然，以身心關係為主軸的現代醫學觀點越來越受到重視，原本是因為探索吾人存在之奧祕的哲學家早已先行建立了身心靈合為一的生命哲學。由此看來，心存希望並保有樂觀之心態，縱然不是仙丹妙藥，卻有神奇的生命療癒效力。

如今，任何個人以及群體，面對無法預知的未來，以及無法全然掌控的世界，除了必須在心存盼望的同時，也要對人生的幸與不幸，以及世間的盛衰、存亡、利害與禍福，有所警覺，有所探尋。不然，我們如何能對自己的人生抱持永不熄滅的希望，同時也對這世界懷著永不失落的理想，而一心期待幸福的到來呢？

On Scene
5

幸福的現場

幸福是「靈魂的活動合乎美德的要求」。
—— 亞里斯多德

財富和權力　等於全世界？

如果說，哲學思考之所以有其重要性，除了因為它能夠啟迪理性，破解迷思，開拓心靈之外，還在於它能夠為我們生活於其中的這個世界，繪製出種種的觀念地圖與行動指南針，一方面滿足知識探索與理論建構的需求，一方面提供了種種引領生活實踐的合理規範，以及破解生命祕密的符碼，而這其實就是現象學大師胡賽爾之所以判定哲學可以作為一種「嚴格的科學」的理由。

由此看來，要我們接受觀念的指示與規範的支配，並且樂於回應生命內在的呼求，顯然必須先行肯定人類理性的功能，並因此接納人性與人道的種種承諾；而理性的力道乃由思考發動，持續地轉入吾人日常生活的軌道之間；其中，人性、人道與人文所共同構建而成的生活脈絡，就在這彷彿蜘蛛網般的人際網絡之中，始終閃爍著一個個不熄不滅的光點，引領著我們——這無數的光點就是所謂的「幸福」、「快樂」（happiness），它一直懸於人性的高空，持續放光於人文發展的各種路向之中，最終成為我們共同追求的標的物，也同時成為歷來哲學家共同探索的生命課題。

古希臘哲學家亞里士多德（Aristotle）的倫理學，高唱人生之目的乃在追求快樂與幸福。後來，所謂快樂主義（Hedonism）的哲學家們直接把「幸福」等同於「快樂」，甚至是一種簡簡單單的快樂、一種純粹而直接的感官之樂，如伊比鳩魯（Epicurus）就是西方古典時代快樂主義的代表人物，他同時也是一個古典意義下的唯物論者，因此他主張人生的幸福幾乎就在那立即而有效的肉體快樂，它不必多費心，也無法勉強或逞強；對這些需求不多的修行者而言，幸福其實無價；而獲取快樂，也不需付出苦痛的代價，更不能有任何反其道而行的副作用。因此，真正的幸福與快樂乃自自然然、順順當當，沒有一絲絲的牽掛、一點點的累贅。

對比於古代的哲學家，近代以來的快樂主義者可以由英國哲學家邊沁（J. Bentham）作為代表。邊沁是最具代表性的功利主義（效益論）者，他認為快樂是人生最後的目標，要設法獲得真正的快樂和利益，就無法迴避道德與倫理的質問與挑戰。因此，他認為，讓人獲得快樂與利益，即是倫理道德的目的。我們生活首當其衝的問題，乃在如何計算利益，如何減少痛苦，如何增加快樂，以實實在在地享受人生。

不管快樂主義者心目中的「幸福」究竟為何物，也不論理性主義者或官能至上論者是如何地界定他們眼裡的「幸福」，他們顯然必須共同來面對一個先在的問題：「人生真的有『幸福』存在嗎？如果有所謂的『幸福』，它究竟在哪裡？它又如何成為我們生活核心的課題與生命的主要目的？」

我們總是犯了倒果為因與誤假成真的謬誤，前者讓我們忘了「幸福」

與「快樂」其實只是「果」，而「因」在於我們自身之努力，以及我們心靈內在之精神因子究竟能如何被鼓舞、被激勵、被生發出種種足以讓我們持續品味，持續享受的自由、自在、自得，以及如何自立自主而因此自覺作為一個獨立之人的種種精神養分。

因此，若說幸福是一種存在的感受、一種生命的情態，甚至是一種精神的自由、一種心靈的解放；一種無所牽絆，無所依恃，更不容支配，不許控制的灑脫、超然、優遊、逍遙與真實，理應不是過甚之辭。若我們要建構一種「幸福的哲學」或是「幸福的形上學」，就不能老是停滯在玄想與冥思之中，理當從生命的內在出發，勇敢邁向外在的世界，並在人我互通共有的公共領域裡面，一起來尋找「幸福」的蹤跡，或許這才是生活的王道。

顯然，「幸福的大道」本來四通八達，後來卻變得崎嶇不堪，坎坷難行，原因何在？是內外不通？是人我不睦？是知行不一？是理想與現實之間本就存在著難以穿透的障礙與阻隔？還是我們誤解了「幸福」的真義？或是因為我們掉入「以假當真」的偏執心態裡，竟還一味地妄想「弄假成真」——那幸福的「青鳥」又怎麼可能翱翔在我們生活的領空之中呢？也許，我們應該練習生命的基本功——努力地來學習「趨吉避凶」之道，同時練就出「轉禍為福」的本事。

一般而言，對「幸福」的定義以及對「幸福感」的理解，因人而異，而且對一個人成長的不同階段、不同處境來說，「幸福」為何物，也有其不同的解讀與品評。

單就人間百態看來，幸福難以確定，難以捉摸，自古已然。在此，我們就來聽聽古希臘雅典的梭倫是怎麼看待「幸福」的：

雅典的立法者梭倫出遊，到了克洛伊索斯國王的宮殿，克洛伊索斯領著梭倫去參觀他的寶庫，將那裡所有一切偉大的和華美貴重的東西拿給他看。然後問梭倫「怎樣的人是最幸福的？」他這樣問，是因為他認為自己是人間最幸福的人。然而梭倫卻說最幸福的人是雅典的泰洛斯，因為泰洛斯的城邦是繁榮的，而且他有出色的子孫，一生一世享盡了人間的安樂，卻又死得極其光榮——極其英勇地死在疆場之上，雅典人在他陣亡的地點舉行了國葬，並給了他極大的榮譽。克洛伊索斯又問他，除去泰洛斯之外，在他看來誰是世上最幸福的人，心想無論如何自己總該輪到第二位了。梭倫卻仍然沒有提到他。克洛伊索斯發火了，他說：「雅典的客人啊！為什麼您如此不把我的幸福放在眼裡，竟認為我還不如一位普通人？」梭倫回答他說：「人間的萬事是無法預料的。你現在極為富有，並且是統治著許多人的國王；然而，只有我在聽到你幸福地結束了一生的時候，才能夠回答你。因為不管在什麼事情上面，我們都必須好好地注意一下它的結尾。因為神往往不過是叫許多人看到幸福的一個影子，便把他們推上了毀滅的道路。」後來，直到克洛伊索斯發動戰爭，被打敗後淪為階下囚，他才想起梭倫所說的話是對的。

（何懷宏，《倫理學是什麼》）

由此看來，一個人幸福與否，並非和他所擁有的財富與權力成正比，反而是和他的人格修養、道德品性以及他所選擇的人生道路，有著密切的關聯。在此，就讓我們繼續聽聽何懷宏教授的觀點：

觀察一個人的幸福不僅要看一時一世，而且要看他完整一生的觀點，不僅是希羅多德筆下所托的梭倫思想，而且是在希臘人中相當流行的觀點。這種幸福觀也含有道德和報應的觀點，在這個傳統中，克洛伊索斯受罰是與其祖先的篡位和自己的驕傲有關。柏拉圖在《理想國》的一開頭就提出了這樣的問題：一個正義者是否比一個不正義者更幸福？換言之，就是德行對幸福的生活有何影響？這牽涉到每個人一生的選擇——你願意做哪一種人？過一種什麼樣的生活？有時現實的社會狀況令人感到不樂觀，你會看到好人受苦而惡人享受財富、權力和成功。俗話說「善有善報，惡有惡報」，但有時我們卻看到相反的情形：善人受到冤屈，惡人卻得意洋洋，不受懲罰。這不免讓人感到失望乃至義憤。

（何懷宏，《倫理學是什麼》）

確實，道德和幸福往往分道揚鑣。縱然，亞里士多德認為「幸福即是合乎德行的現實活動」，但世上許多的困苦和不幸卻可能讓我們喪失對道德的信任，而削弱了我們實踐道德的意願與能力。

難怪蘇格拉底一方面認為正義是最有益於靈魂自身的，卻也同時相信靈魂不朽，而要我們進一步相信：生前和死後的報酬一點都不假。蘇格拉底這樣的論點，似乎和我們經常聽到的這一句：「不是不報，時候未到」，有著一絲絲的無奈，以及一些些的期盼。

無論如何，唯有先行培養美德，鍛鍊品格，我們才可能得到真正的幸福，這就好比斯多葛學派的哲學家全心專注於培養忍受痛苦的能力，以便讓自己享有真實的幸福。而這樣的幸福，已是內在於我們生命的精神性甚至是純粹性的幸福。

另一方面，幸福和理性也有著相當密切的關係。在亞里士多德《尼各馬可倫理學》（*Nicomachean Ethics*）一書裡，曾一再強調幸福乃人生最美好的事物，指的是「靈魂的活動合乎美德的要求」；而幸福的獲得，又非得發揮我們的本性並運用我們的才情不可，其中，我們人所擁有的獨特能力，便是理性思考之能力。因此，發展理性，善用理性（包括智性的追求以及生活的實踐），幾乎就是所謂「幸福」真真實實的寫照。

至於現代哲學家論幸福，則可以英國哲學家羅素（Bertrand Russell，一八七二至一九七〇）為典範。在羅素的《幸福之路》（*The Conquest of Happiness*）一書裡，分析人們不快樂的原因，一部分是由於社會制度，一部分是由於個人心理；前者客觀而外在，後者主觀而內在，二者相互影響，彼此交融。羅素以自己的成長為例，說他年少時憎恨人生，老是站在自殺的邊緣，後來因為想多學一些數學，才阻止了他自毀的衝動。不過，隨著年歲漸長，他不斷地驅除了某些欲望（指的是那些根本不可能達成的欲望），又做了種種的冥想，學會了對自己的缺陷不再耿耿於懷，這時他才越來越感到人生的樂趣，覺得多活一年便多享受一些。因此，羅素認為那些嚴以律己的中世紀修士們，其實只有在修院的功課使他忘掉自己的靈魂的時候，他們才會感到幸福。反之，那些深陷在「自我耽溺」之中的人們，往往是無藥可救的。

在羅素眼裡，一個幸福的人除了要儘量排除可能讓他不快樂的因素（不快樂的信仰、不可求的知識、不健康的身體、不正確的努力，以及嫉恨、恐懼、自我中心的情欲、犯罪意識、自憐自欺、自大自傲）之外，一個幸福的人，其生活必須是客觀的、有著自由的情愛與廣大的興趣，並且不斷地克服自溺之病，而培養出真正客觀的興趣。同時，他認為在極大的限度之內，幸福的生活有如善良的生活，不過，職業的道學家卻太過於偏重克己之道，而陷於自溺，甚至一味地覺得自己做了犧牲。因此，羅素以為幸福的人不會感到意識界與無意識界分離的苦痛，他的人格不會分裂地與自己對抗，與世界對抗，這樣的人只覺得自己是宇宙的公民，自由享受著世界所提供的色相和歡樂，不會因為想到死亡而困惑，甚至不會覺得和後來的人分離。於是他彷彿和世上生命的長流相會合，而得以享受至高至大的歡樂。

對照羅素以個人主義、自由主義與功利主義為出發點的「幸福藍圖」，有一個東方版本可以和它相互輝映，那就是孟子的「君子三樂」：「父母俱存，兄弟無故，一樂也；仰不愧於天，俯不怍於人，二樂也；得天下英才而教育之，三樂也。君子有三樂，而王天下不與存焉。」（《孟子・盡心上》）顯然，東方社會的幸福寫照相對比較重視天倫之樂、心靈之樂，和自我奉獻以實現文化理想之樂。當然，老子的幸福人間則是「小國寡民」：「甘其食，美其服，安其居，樂其俗。鄰國相望，雞犬之聲相聞，民至老死不相往來。」（《老子》第八十章）顯然，人人自立自足，邦國自治自理，而讓權力不再做惡，人際不再紛擾，如此一來，安寧與和平恰恰是一切幸福生活的根基。

看來，幸福的人過著幸福的生活，而幸福的世界其實就是幸福者的大集合——從「幸福」的現實意義及其實質之內容；例如出自《書經》的「五福」：長壽、富貴、康寧、（健康安寧）、攸好德（具備一切美德）、考終命（全壽而終），到「幸福」的理想意義，而最終實現個人與群體共存共有共享的終極盼望；其間，我們顯然始終行走在求福避禍、趨吉避凶的道路上。

唯有堅守本分，不忘初衷，朝既定的目標前行，我們最後才可能徹底地消災解厄、否極泰來，只因世上吉凶互見，禍福相依，如老子云：「禍兮福之所倚，福兮禍之所伏。」（《老子》第五十八章）我們唯有謹慎從事又勇於承擔，才可能化險為夷，轉危為安；如此，幸福就將如雲開見日般顯現在我們生活的周遭。

最真實、最切身的幸福自是你我相伴，且同住同行，甚至同食同寢，同享這世上一切的美好——這便是人間最美麗的圖畫。我們都希望身在其中，將這一輩子全數花用於彼此陪伴的時光裡，了無遺憾。

On Scene
6

陪伴的現場

我渴望能見你一面，但請你記得，我不會開口要求要見你。
這不是因為我驕傲，你知道我在你面前毫無驕傲可言；
而是因為，唯有你也想見我的時候，我們見面才有意義。
—— 西蒙波娃

當我們同在一起，真能快樂無比？

事實上，我們每一個人的存在，都是每一個個體的存在，可是沒有人能夠完全孤孤單單地活在這世上；希望有人作伴，一起生活。也許，人類之所以有社會性，之所以被認定是合群的，而人類社會之所以無比複雜，其中之結構與脈絡更是十分細密而精巧，個中道理不難明白，因為在我們每一個人的內心世界裡，幾乎都能夠自我覺察到一股無可遏抑的衝力與想望，而此一衝力與想望始終由內而外，由己及人，不停歇地驅使著每一個人盡力掃清那孤獨與寂寞的氛圍，而得以不斷地靠近其他的人，企盼其他的人成為自己的陪伴者，甚至是親密的伴侶。

相信不少人都會哼唱這首熟悉的歌：「當我們同在一起，其快樂無比。」顯然，這首歌已吐露出我們從小到大的共同心聲——幾乎沒有人願意無故地孤單活著。我們幾乎都希望可以有人陪伴在自己身旁，一起生活，一起工作，一同做事——即所謂的「合作」，道理其實很簡單、很明白；如果說此一「合作」的傾向乃人性之本然，實不為過。

在此，我們且來探究你我之間需要相互作伴、彼此聯繫的緣由：一、從社會學的角度來作觀察，若說人是社會的動物，雖然有可能是「由果溯因」的倒敘思維，但如果人類社會已經發展百年、千年甚至萬年，如此鐵錚錚的事實，似乎也不失為「合群乃人類天性」的一項明證。二、從哲學（特別是倫理學）的角度來思考，人與人的關係確實具有根本性、基礎性與普遍性；而道德與倫理的原則，又可以發展成你我之間自始至終難以割捨、難以卸除的行為規範。由此看來，天性與習慣二合一的生活模式，的確具有十分深廣的哲學意趣——若要追究誰跟誰為什麼會相伴相隨，誰和誰又為什麼會相遇相聚，難道只能夠運用「偶然」、「機會」或是「緣分」等不確定的概念作為理由來了解和探究嗎？

原來，人性自有其真實道理待考，而人生也有其基本的課題待辦。桑塔耶那曾說：「人生不是奇觀，也不是盛宴，而是困境。」既然現實人生時時有艱難，處處是困境，我們怎麼能不共同來面對、來解決？又怎麼能不一起來掙脫、拔除？由此看來，陪伴的意義的確是真真實實的，而陪伴的效力更是無可限量，無比強大。

在此，我們還可通過當代社會哲學（特別是「溝通行動理論」）的思考進路，運用「互為主體」（inter-subject）的概念以及其所涵攝的現實情境與真實意義二者相互呼應的「關係邏輯」，來理解「陪伴」的真諦。其實，一句「相互」、「互相」，本就充滿人我之間、互助合作，以創造人人共屬的生活、世界的豐富意趣。

所謂「做一個人」，當然是要做一個完完整整的人。儘管歷來都說「伴侶」是從各自獨立的「部分」（the part），到成為「夥伴」（the partner），甚至還以「男人」或「丈夫」為本位，說妻子是「the better half」。基本上，這些傳統的說辭與觀念都意謂著：我們每一個人本來都有欠缺，都是不完整的。追求完整以減少缺憾，恰恰是尋找伴侶與合作者的人性動力——對此一攸關「成人」（onto a full grown man）之道的人生實踐課題，歷來所謂的「本質先於存在」或是「存在先於本質」的哲學爭議，似乎已經不是那麼重要了。

當然，我們都必須從「自我」（the self）出發，而以「主體性」（subjectivity）為核心向四面八方發出種種信息——而這豈止是一般的求偶、求助或求救信號？或許，廣大而豐富的生活世界，就是如此地在人海中尋找同伴，在追求「更好的一半」的驅力之下，不斷地構築起來。從「主體性」到「互為主體性」，從「自我」走向「他者」，正是倫理學的主旨所在，縱然當代倫理學已有了專技化與應用化的傾向，甚至因此出現淪喪人文、背離人道以至於遁出人性的危機。

如今看來，在照料一己的個體性同時，我們其實仍然大有機會去親炙每一個真實的人。在開拓生活世界的漫漫長途中，如何先行馴服自我以超越自我，如何了解自我以造就自我，並同時防範一己可能之惡以不斷調整自我，砥礪自我，且足以不斷激發自我的潛能，這似乎已不是心理學家獨享的專利，理應是所有志在追求人性滿全、人文圓熟，以至於人道拓展的履踐者所不得不思考的重大課題。

原來，人人皆可親，而人人也都需要伴，若說這是人性、人文與人道的表現，理當是一項正向思考吧！從小到大，從懵懂無知到長大成人，誰都希望一路上有人作伙——家人、朋友，甚至還有素昧平生的人願意陪伴我們，度過許許多多的關卡。是的，誰都可以是我們人生路上的陪伴者。其實，這天地間的一切又何曾離棄我們？莊子倡言：「天地與我並生，而萬物與我為一」；顯然，一切的一切，全都圍攏著我們，只是天地萬物和我們的關係自始千變萬化，千差萬別。

詩人如此想像：「藍天有鳥兒的陪伴，從此不再寂寞；樹有葉子的陪伴，從此不再孤單；溪水有小魚的陪伴，從此更加歡樂；草原有動物的陪伴，從此更加熱鬧；而我有父母的陪伴，從此更加努力，更加幸福。」這儼然是孩童天真的心聲，卻也同時肯定天地間的一切是那麼美好——不只是自然世界的美好，更是我們所屬的生活世界的美好——自然與人文的和諧與整全，恰恰是世上一切價值與意義繫出同源的根柢所在。

難怪有人更深一層地觸及「陪伴」的底蘊：「因為幸福的陪伴，玫瑰的芬芳才能沁人心脾；因為寬容的陪伴，生命的沃土才能孕育出美麗的花朵；因為挫折的陪伴，成功的小船才能渡你過盡千帆。」如此「陪伴」，著實詩意盎然，趣味無窮，卻也同時透露「境隨心轉」以至於「心能轉物」的生命正能量。

想想：為何「當我們同在一起」，會接著「其快樂無比」？而我們又該和誰作伴，才可能幸福一輩子？原來，「陪伴」有各種情況、類型和可能。

如何讓一個個「主體」敞開胸懷，迎向其他的「主體」？所謂「主體性」又究竟能否安然渡向「互為主體性」，讓我們生活的內容豐富無比且生動活潑？這些問題大概只有當我們真正了解「陪伴」的意義，也同時懂得享受「陪伴」的趣味時，才可能得到最終的解答。

真正能夠一輩子相隨相伴的哲學伴侶其實十分罕見，沙特和西蒙波娃在沒有婚約束縛的情況下，終身相伴近五十年，而他們同時是思想、情感與心靈三者兼容並蓄的伴侶，也是為普世理想一起奮鬥的親密戰友。至於看似孤傲的哲學家沙特與特立獨行的女性主義者西蒙波娃，他們兩人是否能夠經常地細細品味著相互陪伴、彼此扶持的生命滋味，大概只有他們自己心知肚明。

底下這句話耳熟能詳：「二人同心，其利斷金」；然二人又如何能同心同在同住同行？看來，恐怕不是一件容易的事。有人將人間一切的相見與相遇，歸諸於因緣。而所謂「因緣」，大多不可知、不可解。如此一來，我們又如何能如《聖經》所言：「同心合意，必大有能力」？合神的意，必須有真實的信仰；欲合人的意以至於與人同心，則需要彼此之間的信任、承諾，以至於慷慨無私的奉獻與犧牲。

當然，世上人來人往，多半是利益的結合；陪同某人，與某人作伴，也難免義利交錯，禍福相依，除非彼此之間全無芥蒂，了無糾結，只是這談何容易！漢娜．鄂蘭曾說：「不因『需求』在一起，而是因『願望』、『夢想』，甚至『理想』而來尋找可合作、陪同與作伴的對象。」這顯然是哲學家高明的想望，這想望超出利害的算計以及一般生活現實的困擾與糾纏。確實，願意相互陪伴且始終心存夢想與理想，我們才能成為彼此一輩子合作、陪同與作伴的生命眷屬與性靈伴侶。

有些陪伴往往只是一時一地以至於一短短機緣、一小小場合的相隨與相聚。當然，如果兩人心有所屬，情有所繫，終成生命共同體，那麼，如此的陪伴應可被祝願成「天長地久」般的良緣與善緣。少年夫妻老來伴，更不用說如金石般堅貞的親情、愛情，其實都不該如朝露與夕暉般短暫。

陪伴還可以有宗教的神聖意義以及足以擴及群體的人文意義。有信仰的人說：「與神同在」，是你陪著神，更是神陪著你；此外，一旦心中有了「你」或「他」，便希望「與你同在」、「與他同行」。如果人我之間有了一個個「認同」（或者是文化的認同、或者是族群的認同，或者是社會的認同，或者是國家的認同），那麼，我們便可相伴相隨，一起打造一種文化、一個族群、一個社會和一個國家。

在此，我們或許會想到那位經常由學生與朋友陪伴的哲學家——蘇格拉底，這位西方文明史上第一位獻出寶貴生命的哲學家，終其一生都有人相伴：一起思考，一起說話，一起討論迄今仍讓世人議論不休的哲學問題。因此，若說整個雅典城都時刻陪同我們的哲學家，且不間斷地供給他觀念之泉，讓那些以進行哲學對話為樂的雅典公民能夠沐浴在智慧的活水之中，一點也不誇大。

陪伴不應是被動或是被迫的。如果竟是無可奈何地選擇陪伴的對象、陪伴的關係，而因此落入陪伴所連帶而來的某種情境，恐怕引來個人生活的不利與不便，甚至可能肇致生命的不幸。有人悲觀地說：「陪伴不過是一個無奈的選擇」，但我們可以不做這樣的選擇，因最後陪伴我們的，是我們自己——我們自己的心、自己的情、自己的愛，和自己這個無可替換也絕不能被揚棄的小小生命。

這話實在動人：「兩個人在一起能做的事，就是陪伴。」相伴無言，又何必有言？作陪無事，又何必多事？就當代人生的處境看來，臨老的陪伴與臨終的陪伴才是決定我們究竟能否活得不孤單、不寂寞、不艱不澀不苦的關鍵。

如果說「愛的核心就是陪伴」，那麼婚姻裡出現變數，導致無法相伴到老，其間，便很可能出現一些人倫的苦楚與悲涼。我曾經讀到一篇文章，一個小女孩寫給她爸爸的一封信：「你說，你已經又結婚了，不讓我去找你，也不讓我問你住在哪裡。我醒悟了，你再也不會與我們團聚，我的夢徹底破碎了。……你在哪裡？我親愛的爸爸！」原來佛經喻家如「火宅」是有幾分道理的。而牽手同行、燈下笑語，有時竟是那麼短暫！可嘆團圓的景象往往容易流失！生命所以有苦有難，難道都是我們與生俱來的罪愆所惹的禍？現實人生又竟彷彿佛經所云：「如露亦如電，如夢幻泡影」嗎？

顯然，陪伴往往隨機而來，有時而盡，但它總不能不告而別，或者無疾而終。人心自有分寸，凡事也該有它的道理。這社會若如大海，我們不就彷彿是優游其中的魚兒？相忘於江湖，多麼自由又自在！理當相互為伴，彼此合作的我們，又如何「相忘道術」，一起自在逍遙於自然天光與人文彩光對映的天地之間？這顯然是一個攸關人的品格與德性，以及社會與文化整體素質的大問題。

相伴自是有緣，緣有深有淺，有長有短，甚至有善有惡。世上最深、最長、最善的緣，除了親情當屬男女之情了；儘管男女之情與異性之緣往往因婚姻的境況而有了聚與散，有了分與合。

On Scene
7

結緣的現場

倘若我們要婚姻盡量地成功，丈夫和妻子都必須了解，
不管法律怎麼說，在他們的私生活裡，他們都必須是自由的。
—— 羅素

天長地久　是婚姻的幻象嗎？

人類之分男與女，乃是天生自然；而男與女之間微妙的分別與差異，以至於彼此吸引，而終至相互結合，也自是天性使然。

然而，由傳統所謂兩性之結合，進而生兒育女，繁衍子孫，終於成家成族，出現一個個部落與邦國，形成了對內有凝聚力，對外有防禦力的社會，且造就出各具特色、各有精采的種種文化與文明，這就是人類千百年來歷史發展的歷程。

回顧過往，由「兩性」結合，到「兩姓」聯姻，由以血緣關係為基礎的情與愛，過渡到以契約關係為規範的理與法，顯然是揉合了人性本然之力與歷史文化之勢，所逐步營造出來的婚姻制度與家庭制度，這彷彿雙生並蒂的兩種制度衍生出種種文化現象，其中，那足以助成婚姻與家庭共存共在的道德與倫理，便是各個族群及社會之所以能夠不斷演化變革卻始終「百變不離其宗」的核心。

顯然，婚姻自有它的常與變，它一方面正向地讓人們的身家性命獲得安頓與保障，並得以創造生活的實質內容，同時展現生命的多面精采；另一方面，婚姻又彷彿是一固定的連結，家庭則如同一個個具有諸多限制的藩籬，讓生活其中的我們，在享有現實的生活資源與社會資產的同時，失去某些生命的創造力、心理的感受力，甚至是心靈的想像力與精神的能動力。

不過，在一般人對婚姻與家庭的「常」，始終賦予信賴並全然依靠之餘，亦同時發現婚姻與家庭的「變」，總是突如其來，教我們措手不及。如今，在離婚已然所在多有的現實情況中，便產生許多問題亟需我們運用「理」的思考，並配合「法」的信守與實踐，來做亡羊補牢的補救行動，以落實社會的防護與法律的救濟。

根本看來，婚姻與家庭的穩定確實需要倫理道德的護持，宗教的力量給了此一源自人類本能與社會原始的人生大事，種種具有神祕性與神聖性的色調。也難怪不少人的結婚儀式要在祖宗監看與神明照臨之下發願立誓。不過，這些儀式與作為並不一定能為婚姻投下更大的穩定性以及更強的凝聚力，因為在現實生活中，共枕共眠的兩個人終究是兩個不同的個體，無論是出自於性的本能，或是生發於愛的情愫，難免會有始料未及的變數出現。

在此，且讓我們回顧堅守一夫一妻制度並高倡家庭倫理的傳統社會中，所依賴的古老教訓，以及崇敬的偉大經典，其實仍然欠缺對性別平權與性別正義的理解與尊重，例如在《聖經》裡頭，就有下面兩個相當不尊重女性，也同時嚴重忽視婚姻自由與平等的反例：

1. 逃離正值饑荒的迦南地而客居埃及的亞伯蘭竟為自身安全，不惜犧牲妻子撒萊的貞操。

2. 撒萊利用她的婢女夏甲作生育的工具，利用完之後，竟把夏甲趕走。

這不是血淋淋的人性反例嗎？其中，女性被棄之如敝屣，只被當作工具利用不正昭然若揭嗎？對此，基督信仰當然有其足以自圓其說的奧義與妙義。

此外，當代婚姻專家還發現人們總是對婚姻抱持著不切實際的想像，就是所謂的「婚姻的幻象」或是所謂的「婚姻的迷信」，竟有七種之多：

第一種錯誤的假設：人們因相愛而結婚。

第二種錯誤的假設：結了婚的人大多相愛。

第三種錯誤的假設：愛是令人滿意的婚姻裡不可或缺的。

第四種錯誤的假設：男人與女人的行為和態度天生不同，而這種差異造成了大多數的婚姻問題。

第五種錯誤的假設：嬰兒的出世會自然改善原本有難題或不成功的婚姻。

第六種錯誤的假設：寂寞會因婚姻而被治癒。

第七種錯誤的假設：如果你會大聲叫你的配偶滾蛋，那你的婚姻必定很糟糕。

（賴德勒〔William J. Lederer〕等著，林克明譯，《婚姻生活的藝術》〔*The Mirages of Marriage*〕，一九七二）

當然，上述七種「錯誤的假設」是否真的錯誤仍有待考察；不過，就婚姻的現實面看來，我們實在不必有不切實際的期待。就婚姻的理想層次來觀察，我們往往不得不抱持終身無怨無悔的寬大之心、堅忍之力，加上使出全幅之心力，來經營這滿溢著人性本然力量的小小生活世界；否則，世上男女的聚聚散散，以及種種婚姻的破碎情事恐將屢見不鮮。

如今，在台灣的同性婚姻已然進入法律的保護與約束的這個時候，我們除了抱持期待、盼望與祝福的虔敬之心之外，亦可很理性、很平和地來看待這一項超出法律範圍之外的人文大事。

首先，從哲學（特別是倫理學）的立場來思考，我們顯然已經多了一面能夠保身，更能防心的道德盾牌——就是所謂的家庭倫理與性別倫理。這兩種倫理本質上是可以相當融洽地密合，為我們的社會與文化帶來層層的保護作用與強化功能。當然，在婚姻的保守與開放之間，我們仍然必須努力維持二者之間對等的平衡，同時也需要擁有創造性別思考與性別文化的多面向的資源，以免有任何一方無端遭致無情無理的對待。如此，二人同心合力，才可能為婚姻造就堅強的堡壘，並為家庭穩固奠定深厚的根基。

顯然，法律不能只是一味地扮演監察、管束、警戒以及進行圍堵與禁絕的角色，而理當順應主觀的人心與客觀的情勢二者相互為用的時代潮流，做一個足以進行對話、調和、協助、仲裁，以至於樂觀其成的參謀與智囊。

在此，且讓我們聽聽來自台灣基督教會內部的開明之聲：

台灣教會現階段應以歐美教會的走向為原則來思考。歐美教會除了天主教還堅持「胎兒生命權」（pro-life），原則上反對人工流產外；大多數的新教會如長老會、衛理會、路德會甚至聖公會等，愈來愈採取開放思想，尊重女性本身獨立自主的「女性選擇權」（pro-choice）。以美國長老教會為例，其一九八〇年所發表的「社會原則」，就已表明教會應更深入、更開放的從醫學、神學、法律及社會因素等來探討此問題。

聖經對同性戀的責難常常毫不思索地被台灣教會全盤接受，另外台灣教會也深受濃厚漢文化的腐蝕，認定同性戀行為是傷風敗俗；這兩種保守立場的結合，致使同性戀者不可能會在台灣成為福音拯救的對象，同性戀者不但是被社會拋棄的一群，也是被教會遺忘或甚至是放棄的一群。同性戀者生存於台灣各個陋巷的角落裡，我們寄望十字架在普照被祝福的一群中產階級後，還有餘暉可溫暖一下被社會棄絕的同性戀者。

（王崇堯，《宗教與文化——基督宗教與現代倫理》，二〇一八）

本來，任何一樁婚姻都理當受到祝福；不管我們相信姻緣天註定，或者說它是前世修來的緣分，或者認為它是上帝賜予你我的寶貴恩寵，我們都理當以慷慨的態度與寬闊的心胸，平等地來看待異性之戀與同性之戀，並由此認定：「志在『成家』，而想全心全力經營以情與義為基石的生活共同體，實乃人人理當共享的權利。」而這天賦的人權，又豈是「上帝愛人」的無上律令可以無端予以拋棄？

因此，我們深心盼望以基督信仰為思考準則的神學家們能夠敞開心胸，暫時放下教義之執著，來和以現代倫理為主要關懷的人文學者，展開全面的交流與對話。因此，我們深深盼望所有的基督徒都能夠平心靜氣地來聆聽如下的心聲：

> 聖經沒有提供我們「單眼」的性倫理看法，也沒有供輸我們單一性愛的神學立場，聖經教導我們的是去發現一個有責任及回應成長的性愛關係。
>
> （杜羅．培理〔Troy Perry〕，*The Lord is my Shepherd, and He Know I'm Gay*，一九七二）

由此看來，那些標榜神聖教義的宗教人士在「護家」的同時，是理當可以「同情的理解」那些總是難以昂首進入神聖空間（包括任何供奉神明或是列祖列宗的殿堂）的形形色色的人了。

此外，就性別倫理學的觀點來看，經由同性之間的情愫，以及彼此相愛而共結連理的歷程，其實和任何異性戀者沒有兩樣，因為所謂的「同性戀者」（其實，他們之間依然是相愛的雙方）的所思所想、所作所為，亦都完全立基在「性別」的基礎之上。因此，他們理當享有與異性戀者一樣的「道德」與「倫理」，以及由此而託付的權利與義務；既然同樣享有權利，就得同樣盡義務、負責任，且必須同樣受到法律的保障、規範與約束。

當然，異性婚姻仍然是世上姻緣的大宗；而在傳統一夫一妻制的婚姻裡，自是一女一男的結合。因此，男女之間的性別差異成為婚姻裡一種極具活力的酵素，而它也理當是婚姻充滿趣味的緣由。

就現實的情況看來，因男女情愛有消有長，且有種種變異的可能，婚姻便有了難以逆料的情事——確實，男女的結合主要是情愛在推波助瀾，其間，性與愛始終相互糾結，情與義彼此牽連。

此外，所謂「外遇」，以及所謂「私通」或「通姦」的觀念，乃是以婚姻為主體，以家庭為藩籬，更以守護傳統倫理為目的所演繹出來的。然而，情愛之私，並非婚姻以外的第三者或是國家公權力能夠介入或干預的。論斷「通姦」有罪，其實往往無助於婚姻關係的維繫與持續，且有侵犯個人權利與隱私之嫌——台灣在二〇二〇年五月二十九日宣告「通姦罪」違反憲法比例及平等原則，終結了八十五年的「通姦罪」刑罰，「性別正義」的進步價值在此時此地具體落實，終讓婚姻回歸情愛，讓性別融入日常。從此，少了外力的干擾與律法的制約，或許情愛的自由將可以真實地揮灑開來，性別的趣味也可以讓世上男男女女好好地珍惜，好好地享受。

從此，我們應該可以大方地說出底下這兩句祝福的話：

願天下有情人終成眷屬
願天下眷屬始終是有情人

第一句祝福語顯得坦誠、真摯而自然，而第二個祝福卻已經不是一般的吉祥話。原來，一句「天長地久」只是點出客觀的事實，而祝願一對佳偶「百年好合」則已是主觀的意向，只因夫妻之緣理當是良緣與善緣，縱然我們不得不承認緣聚緣散總有時；且婚約雖不必然明文規定，但是在同居同住、同食同寢的生活場域裡，須有一定的規範、一定的約束，又豈容任意被撕破、被銷毀？

夫妻結緣因相愛而生而起；緣起緣滅本屬自然，只是人為的約定往往反覆無常。承認婚姻自有變數，因此認定婚約必須雙方信守才有效力的羅素（Bertrand Russell），在他長達九十八年的一生之中，先後有四次婚姻；經歷婚姻的成與敗之後，他顯然對夫妻結緣是否能為雙方帶來幸福，有與眾不同的經驗與心得。至於羅素在他四次的婚姻生活裡，有沒有過「生死不渝」的刻骨與銘心，外人可就不得而知了。

當然，一輩子的廝守，並不必然需要一紙約定；真誠的祝願也不僅止於行禮如儀的公開形式。至於夫妻鶼鰈情深，其中，所謂「魚水之歡」已不必多所言說。因此，如果我們對美好姻緣仍然停留在從社會面向與制度層次上來加以考量，就把自己天然的性向看小、看輕，也把別人的心意給扭曲給誤解了。

如果說婚姻具有人文趣味與倫理義涵，你我也不必老是嚴肅以對。人間風光曼妙且多姿多彩，在紅男綠女往來走動的路途上，我們確實需要彼此的關心與慰藉，甚至需要雙方都能適時伸出援手，縱然在緣散緣盡的時刻，也理當保留那份依然能夠相互尊重彼此祝福的情誼，無需對簿公堂，除非一方的權利受到無理又無情的傷害。

確實，在婚姻生活裡是兩個人在生活。想要一起生活，就必須為兩人合作合體的生活一起努力，以奮力走向未來（這「未來」理當說是「共同的未來」）。

有人開這樣的玩笑：「婚姻的問題是婚姻裡的男人老是覺得自己還是個單身漢，而女人卻總以為自己始終是個媽媽。」這玩笑點破了一個問題：「婚姻真的需要每一個人適時適分地進行身分與角色的自我認同嗎？」

在此，我們不必扮演起婚姻專家；我們只希望婚姻能夠真的助人，幫助一個人的成長——不是只成為一個真正的男人或女人，而是成為一個真正的人。

顯然，婚姻裡不僅要同時有女人味、男人味，更應有人味、人文味，以及生動活潑的日常味與倫常味——這意思就是說，我們要還給婚姻自由，還給那看似被婚約束縛的人自由；同時，也得讓進入婚姻的人學習尊重自己也善待對方，而好好珍惜此一天賜良緣。

婚姻的維繫唯賴彼此忠誠，相互信任——這不是在說教，也不是在講道，而是意指生活日常裡，人我來往之道其實可以在婚姻生活裡真正落實。因此，如果我們想在自知自覺的基礎之上更往前一步，那麼，人我之間究竟該如何互信，如何共創一切的美好，便是我們共同的生命課題了。

On Scene
8

信任的現場

信心和希望是人存在的根本特徵。

—— 漢娜・鄂蘭

選擇相信 容易嗎？

從個人主觀的信心與信念，到人與人之間的相互信任與彼此信賴，顯然不只是哲學思考必須關注的道德與倫理的課題，同時也是和我們的認知活動、人文素養相關的哲學問題。因此，我們不得不如此提問：

> 我們如何突破「自我」的意識囿限，以培成足以擴及「他者」的照應與關懷，而因此形塑出足以包容差異、消弭對立的倫理修為與生命態度？

「信」作為一個觀念，它同時具有知性與德性兩個面向的意義。首先，「信」或「相信」的認知意義，幾乎落在我們心裡簡簡單單的想望——一句

「我相信……」，隨後便引出了許許多多的認知對象（事物），於是我們「信以為真」地展開了生活中一些素樸的、原初的、尋常的認知活動。因此，我們可以這麼說，在啟動認知能力的初步階段，我們所謂的「知識」，往往只是一種信念；如果我們不願意停留在生活裡一些極可能犯錯的認知情境中，我們顯然必須朝向更嚴謹、更周密、更具條理性與系統性的知性歷程，而這便是由「信以為真」到「證明為真」的思考過程。就哲學論域的兩大塊：邏輯與知識論，所要處理的問題大多出現在這個過程之中。由此看來，如何把我們言說的主要工作——做出論斷並提出相應的理由，切切實實地進行，又如何為自己的陳述以及相關的論題，找出更合理、更相關，也更充分及完備的證據與理據，不正是當代哲學家的用心所在？

「信」的德性意義則讓「信」成為一種彌足珍貴的「德」，即所謂「信德」。傳統的「信德」，以「五倫」為例，它被擺在前四倫：「父子有親」、「君臣有義」、「夫婦有別」、「長幼有序」之後，落定為「朋友有信」。顯然，信之為德，是以最具平等性的人際關係為其場域，而朋友之間的關係網絡其實就是社會網絡的最大宗，甚至是此一人文世界的根基所在。由此看來，信之為德與朋友之倫比前四倫更具有客觀性、普遍性以及共通性的倫理意義，而人我之間（自我與他者之間）之所以能夠拓展出足以豐富人文，鞏固人間的關係網絡，其主要的緣由便在此一由主體性意義真實之呈現，到人我互為主體的相互信任、彼此信賴的德性養成與人格造就，確確實實是一道充滿意義、價值、目的與理想的人文坦途。

其實，由具血緣關係的兄弟之倫，發展到超乎血緣關係的朋友之倫，正是社會化（socialization）的歷程，而此一社會化歷程，對任何一個個體以及任何一個群體，都有著莫大的意義、影響與重要性。因此，既然我們已經認定信任與信賴具有社會倫理、政治倫理，以及種種現代倫理的實踐性與應用性的特殊義涵，特別在商業倫理、性別倫理、媒體倫理等實踐場域已成為當代倫理思考共同關注的重要課題之時，如何深入了解吾人作為「自由主體」的意義，又如何全面理解人我共在、共存、共榮的人文世界所蘊藏的「平等」理想可以不落空而終究成真，不正是這一句「我相信」

所引動而來的知識啟蒙與道德培成的社會工程與生命志業？

由此看來，從確定「人我對等」的事實，到落實「人我平等」的理想，正需要整群人同心協力，才可能推動整體文明全向的發展，並且同時拓展人性正向的踐履。然而，令人惋惜的是，現代人存在的境況總是在不正確與不真實的氛圍裡無來由地走動游移，甚至出現反文明、反人性的偏向與逆向的情事。因此，吾人質樸的信心與信念極可能無端地被揚棄，信任與信賴也可能遭致無情又無理的破壞與傷損。在此，我們就以一心擔憂「人的境況」（The Human Condition）的當代哲學家漢娜．鄂蘭（Hannah Arendt）的這一段話，來理解她斷言「信心和希望是人存在的根本特徵」的真正用心：

這個將世界和人類事物領域從通常的「自然」毀滅中拯救出來的奇蹟，最終是誕生性的事實（它也是行動能力的本體論根源）。換言之，是新人的出生和開始，是由於降生才可能的行動。只有對此能力的充分體驗，才能賦予人類事物以信心和希望。而信心和希望這兩個作為存在的根本特徵，卻被古希臘人完全忽視了，他們懷疑信心是一種罕見的、不太重要的德性，把希望看作是潘多拉魔盒中一種幻想的罪惡。對世界的信念和希望也許在福音書宣布的「福音」中可以找到它最榮耀、最簡潔的表達：「一個孩子降生在我們中間。」

（漢娜．鄂蘭，《人的境況》）

一句「一個孩子降生在我們中間」，對那些有信仰、信心與信念的人而言，顯現出那麼有力道！那麼有意義！那麼能夠激發出一股又一股足以讓大家一起奮鬥、一起生存下去的衝勁！不變的前提是：我們要有共同的信心、信念和信仰，以及由此而來的共同信任與彼此之間堅定不移的信賴之感。

此外，對「信」的意義探討，除了從倫理學與知識論這兩個哲學面向進入之外，還可以從社會、政治、法律以及其他人文學的面向來考察。傳講的「信」觀念，除了孔子「民無信不立」（如果失去人民的信任，就沒有立國之本了）此一兼具倫理與政治雙重涵義的立國之道之外，法家商鞅「徙木立信」的故事，更昭告世人：法律權威之建立也一樣不可欠缺這一強而有力的民意黏著劑。當然，這兩種傳統背景之下的「信」，都同樣存在於君與臣民（統治者與被統治者）之間互不對等的權力結構裡。至於它或許會因為尚未全面講究「互為主體」以體現平等大義的心志倫理以及相關的溝通行動，因此淪入制度性的官僚體系之中，最終變成當權者的統治工具與統治技術，就在未定之天了。如同馬基維利在《君王論》一書裡，揭發世上君王竟如此對待他們的百姓：「由於獅子不能防止自己落入陷阱，狐狸不能夠抵禦豺狼。因此，君王必須是一頭狐狸以識別陷阱，同時又必須是一頭獅子，以使豺狼驚駭。」原來，那些被稱頌是「智勇兼備」的統治者竟是兼有狐狸與獅子性格的雙面人，他們極可能將人間最具誠實與良善的道德義涵之信德完全踩在腳底下，其實早在我們料定之中。

從人類社會與文明發展的過程看來，要讓人們彼此相信對方，信任對方，信賴對方，確實有其演化、演進之歷程可以深入探究，如網路遊戲：「信任的演化」，開宗明義地證實達爾文的演化論，顯然可以運用在人類道德之所以能夠由低標發展到高標的實際緣由。其間，由利己到利他，由猜疑到信任，由孤立到互動，再由競爭到合作，由居於劣勢到擁有優勢，欲讓人間之道德真正有利於人群，其實需要具備許多客觀的、外在的，甚至具有實然性與機遇性的條件、資源，以及我們實際遭逢的生活境況。由此看來，要讓人我相互信任，並且真誠地彼此信賴，那一廂情願主觀而單向的期許與盼望，最終很可能會徒勞無功並無濟於事。

此外，在人我溝通遭遇種種障礙的情況下，「信任」到底如何產生？「信任」當然不可能從天而降，卻可能瞬間消失無踪。在岸見一郎、古賀史健合著的《被討厭的勇氣 二部曲完結篇》一書裡，作者信誓旦旦地斷言「相信」是在人與人之間無法心意相通之際唯一的選擇，他們引用心理學家阿德勒的觀點，認為我們不可能完全了解對方；面對那些我們「無法了解」的他人，唯有選擇信任一途。作者還突出阿德勒的「社會意識」，並強調「愛」的社會功能，且始終抱持著與生活相繫相應的實踐態度，因此一心向著一切的美好前行。此外，作者更進一步贊同阿德勒「相信」以他人為夥伴的意識可以避免爭端與戰端，因而「相信」我們是不該以眼前的不幸為理由而捨棄理想。

由此看來，若要真正地相信他人，以至於相信所有的人，信任所有的人，不僅需要智慧，更需要勇氣。

我們明白：「信任」能夠讓我們與他人真正相遇，甚至彼此結盟，立下美好誓約；猜忌與背叛則會讓人選擇拆夥，以至於相互爭鬥。

眼睜睜看著當代社會的紛擾、文明的倒退、人性的沉淪、道德的崩潰，以及民主、自由、平等與人權所遭受到的攻擊與破壞，我們如何能夠不一再地發揮「信任」的意義與功能，而始終擁抱人類理想以迎向美好未來的種種信念與信仰，以及其中所蘊藏的豐富意義，而永不喪失我們對生命的熱誠？

就一般人的心理看來，要一個人有信念、信心，甚至是信仰，其實並不難；而要人們彼此信任，相互信賴，也不是什麼多簡單的社會工程。儘管如此，我們總是擔心別人不再信任我們，擔心我們失去他人的信賴，甚至遭人背叛。本來，人間有情有信也有義，可以說，情真意切而後才能有信有義，而信任正是人我之間最重要的聯繫。我們可以哲學論：「我們都理當是具有『相信』能力的主體」，虛情與假意恰恰是對人際關係最大的破壞力。

因此，既以「人言」為「信」，那麼言語自有其意義與作用，這正是人人相知、互信的必要條件。所謂「友直」、「友諒」，最後才是「友多聞」。如今，多聞之友處處有，直言之友則罕見，至於能夠彼此信任、相互諒解以至於換帖交心的知心好友更是鳳毛麟角。

或許，有人天生孤僻，不喜與人為伍，因此獨來獨往如獸中之王般，踽踽緩步於叢林之中而顧盼自如。不過，這種人看似不太合群，卻往往將一股熾熱之情冰封於心底。原來，就是這熱情以及赤子之心讓我們在難免誤解、誤會，而心生怨懟與恨意的時候，仍可彼此信任，相互寬恕。

On Scene
9

寬恕的現場

仇恨心遲早會反過來
發洩在那些製造仇恨的人身上。
—— 盧梭

如何面對 並化解仇恨？

破壞人間和平與人際和諧的種種暴力，到底是如何製造出世上無數的不公與不義，而終讓世上多災又多難？顯然，要追求和平的目標，要實現大同的理想，首先得盡力防止暴力，消除暴力。我們不能不從暴力產生的根源，來探究問題的癥結。因此，我們不得不追問：在人心與人性的底層到底有什麼負面因子讓暴力有機會如雜草蔓生，如野火燎原？

因此，如果我們站在人心與人性所共構的「主體性」基礎之上，同時又抱持著對和平理想的嚮往以及消弭暴力的決心，那麼我們顯然很容易發現：原來仇恨之心與寬恕之愛看似難以並存，二者卻總是相互糾結，彼此共生。一方面，仇恨與嫉妒激發出暴力，讓人在失去理性以至於心神淪喪的情況下，犯下不可理喻也無法預料的錯誤；另一方面，卻有寬恕、寬容、慷慨以及無私之愛，如微風吹拂，使得周遭充滿溫暖、寧靜與祥和的氣息，而讓暴力終究無處滋生，人間從此有了真實且長久的和平與幸福。

當然，我們絕不能一廂情願，因為那暗藏心底深處的仇恨之意與憤懟之感，彷彿劣根壞種般，不僅隨時可能爆發出干擾個人身心的負能量，更隨時可能會滋生出種種足以攪亂人群、裂解社會的罪與惡，難怪有人說仇恨反人性，同時又反社會。亦有人說仇恨最暗黑，最頑強，也最難以化解。

然而仇恨由何而生？為何而來？這問題可以從主、客兩個面向來回應。首先，從主體（或許可以稱作「仇恨主體」）的面向來探究，我們發現仇恨自有其心理、意識，以至於人性深層之根源。所謂「仇恨之心」、「仇恨之意」，指的就是仇恨發生的主體性因子；另一方面，仇恨的產生更牽連著許多客觀存在的因由與條件，如細菌溫床般。這具客觀性、外在性、歷史性與多元性的存在面向，是可以從社會學與諸多人文學的視角來觀察。當然，仇恨實為主客兩個面向交互作用的結果；也就是說，我們自身之所以會變作「仇恨主體」，而我們之外的人事物（包括整個社會作為一個總體的存在）又之所以會變成仇恨的對象，其實都是主客之間所潛伏的種種因素集結交纏所肇致的結果。所謂「世仇」的出現，就存在著時間性、歷史性、社會性與倫理性的主客觀緣由。至於會有「仇人」彼此相向，也不全是個人單方面的性格與作為所致，其間難免牽連著複雜的人際關係——原來，我們置身其中的人際網絡往往不是一個人能夠全然理解，也不是一個人能夠全面承擔的。

仇與恨本就相互連結，但若分別來看，仇相對客觀，而恨相對主觀；仇往往在先，而恨跟隨其後；仇往往是因而恨是果。恨因仇而生，而恨又強化了仇，使仇更深、更重，更難以消解。

俗話說：「冤宜解不宜結」。特別在仇恨鋪天蓋地而來之際，人性的暗黑面便似烏雲罩頂般，教人喘不過氣來。難怪佛家說人性有「三毒」：貪、嗔、痴。而六道輪迴的三惡道：餓鬼、地獄、畜生，便對應著這「三毒」：貪得無厭者墮餓鬼道，嗔恨不已者墮地獄道，愚痴無知者墮畜生道。由此看來，如果仇恨不消不解，那麼人要超脫，要自由，要徹底消除身心壓力，或完全卸下生命束縛，恐怕比登天還難。

面對仇恨，克制仇恨，徹底消解仇恨，實乃人間大難題，也是我們不得不共同來擔負的重責大任。而欲得消解仇恨之對策，也非得從我們自身做起不可，這就是倫理與道德的起始點，也是一切生命與存在能夠共在、共存、共榮的立基點——寬容與寬恕之德就是由此一起始點與立基點直接衍生而出的根本的德性。

寬容自是大心大愛，寬恕乃是大度大德。宗教家與哲學家所強調的宗教修行與倫理涵養，始終不離大心、大愛、大度、大德。中國儒家以仁、義、禮為其道德之核心，老子重視「三寶」：慈、儉、不敢為天下先；又云：「善者吾善之，不善者吾亦善之」，在在道出了寬容與寬恕的真諦。釋迦牟尼大倡眾生平等，慈悲為懷，在其基本的修行——「六度」中，特別強調「忍辱」之德，這當中滿滿是寬容與寬恕。耶穌則告訴世人要相敬相愛，要無比謙卑，要能忍受世上一切屈辱，同時要寬恕世上一切惡行，其超越之大愛，又豈止要我們「唾面自乾」？原來，基督的誡命與教訓恰恰建立在寬容一切，饒恕一切的精神基石之上。

有人說仇恨帶著力量，乃是破壞一切之力量。同時也有人強調寬恕的力量，是保有一切的力量。可以說，當仇恨的反向力量是在破壞和平、損傷良善之際，亦有寬容與寬恕的正向力量努力地保住和平、護持一切之良善。

當然，仇恨可以被轉化，也理當被轉化。因此，有宗教家認為仇恨所產生的力量是偏離真理與正義的，然我們可以借力使力，將仇恨的力道由負向、反向轉為正向，轉為真理、公義與生命的正道。俗話說：化悲憤為力量，應當就是這個道理。史丹利牧師在《饒恕的愛》一書裡說「沒有饒恕，就沒有自由」，他認為如果我們拒絕饒恕別人（或是我們自己）就等於綁架了他們，綁架了我們自己；若心中有不饒恕之靈的人，就會是真正的輸家，他的情況甚至會比仇恨不肯饒恕的對象更糟。如《聖經》所言：「人種的是什麼，收的也是什麼。順著情慾撒種的，必從情慾收敗壞。順著聖靈撒種的，必從聖靈收永生。」（加拉太書六：7～8）顯然，仇恨是情慾，而且幾乎是最頑強、最難以駕馭的，它所肇致的惡果往往是付之一炬而無法收拾的悲劇。對此，我們勢必以最寬容的心來進行饒恕、拯救以及進行種種療傷復原的工作。因此，說寬恕是一種療癒，而且是徹頭徹尾的生命療癒，一點也不為過。

大導演史蒂芬史匹柏製作了一部很特別的電影「仇恨的起源」，他運用了心理學、神經科學和歷史學的全新研究成果，檢視了人類的邪惡緣由，並追溯仇恨的演化。這部電影同時聚焦日常生活中特定的情境裡人類最原始的情感，揭露了人類物種以合作和公平演化背後的暗黑生物學。由此看來，仇恨恍似千年萬年之黯黑，正等待我們那發自內心的人性之光予以澈底破除，而這如火炬般的人性之光不就是饒恕的愛？不就是寬容的心嗎？

雨果曾經如此歌頌「寬容」：「寬容就像清涼的甘露，澆灌了乾涸的心靈；寬容就像溫暖的壁爐，溫暖了冰冷麻木的心；寬容就像不熄的火把，點燃了冰山下將要熄滅的火種；寬容就像一支魔笛，把沉睡在黑暗中的人叫醒。」如此巧妙的譬喻，道盡了寬容、寬恕的妙用；然而，如何培養寬容的態度，並且啟動寬恕、饒恕的作為，終在人我之間培成真正的和平、公義與良善，則是破解人間種種隔閡與阻障，最終超越一切之對立，包容一切差異的智慧與德性。

至於盧梭則盼望人們能夠發揮天真的本性，並珍惜天賦的權利，來寬待一切對敵，消解種種的仇恨，雖然他仍要我們必須忍耐。不過，盧梭認為忍耐的結果是無比甜蜜的，這其實是哲學家樂觀的想望。因此，若說哲學總是在鼓舞人心，總要我們向前看，顯然有幾分道理。

然而，要真正包容差異，談何容易！想超然於一切的對立與阻礙之外，到底需要哪些本事呢？看來，讓互有差異的特殊情況與條件獲得必要的保障，而不至於妨礙共同的理想與未來的實現，確實需要人人有寬容與包容的心胸——這其實是一種心態、一種修養。

在此，以人我關係為例。在所謂「異同求同」的過程中，差異往往變成某些人的眼中釘，甚至想除之而後快。其實，求同可以容異，容異也不礙求同。父子再怎麼相親，情人再怎麼相愛，其實都還是各有懷抱且各自有夢，加上行事風格和人格特質有很大的分歧和差距，譬如為父母的保守，做子女的卻一派天真爛漫；所謂「代溝」，其實不必然妨礙親子之間的溝通。哲學家沙特和西蒙波娃相知相愛相守，兩個人的個性天差地遠，連各自的哲學觀點也涇渭分明，甚至曾「異床異夢」，各自心有所屬、情有獨鍾，而有了不必向對方透露的綺麗而美妙的祕密之愛。

當然，講寬恕與寬容，主要著眼於人類群體，以至於群體之間的對抗與爭戰到底如何化干戈為玉帛？而所謂的「玉帛」，指的是無盡的善意與無止息的至誠與真愛。然而，至今仍然有不少人存疑：「寬恕真的能夠將仇恨的種苗從我們心底連根拔除嗎？」確實，一個人一旦被貼上「大壞蛋」或「大惡棍」的標籤，便會被視為「無可饒恕」、「無可寬貸」，而必須接受各種形式的制裁與懲罰。

原來，法律所代表的正義其實正包藏著「不能饒恕」或至少「不能輕易寬恕」的「報復」，難怪孔子說「以直報怨」，意思是說我們必須以符合正義原則的手段來回應我們所怨恨的人事物；至於「以德報怨」（老子）則是天地包容了一切涵養真實的寫照，縱然老子曾說「天地不仁」（意思是說大自然無所偏愛，無所藏私），也不保證這天地之間本就存在著現成的律法與正義。

不過，現在的世界幾乎已不存在允許「報仇」的律法，因此要「報怨」，就得循法律途徑。曾有一部電影演出所謂「受害家屬」近距離觀看那「大壞蛋」被法律處決的實際過程，這些家屬表情木然，不發一語，心情當是五味雜陳，難以言表；後來在那位以上帝之名寬宥了被處死的「大壞蛋」之修女去拜訪受害者家屬時，她不是被大聲喝斥，就是得到受害者家屬直接地表示：他們仍然無法全然釋懷地原諒兇手。

俗話云：「人之常情……」，既屬「常情」便不屬天上之事，而人間百態之中總有讓人憤憤不平之事。其實，把仇恨追根溯源到人類最原始情感的「暗黑生物學」，卻終究沒有為我們的不平之心與不甘之願徹底解套。而文學家對寬容、寬恕的歌詠與禮讚，是因為他們堅決相信人們仇恨之心的銳角終會被磨平，且人們那已披上盔甲之身的武裝也終將被卸除。然而，此等美好之事，恐怕連坐在明鏡高懸之下的法官們也無法打包票。

傅柯（Michel Foucault）把權力視為流動於社會之中的「能量流」，同時也把「真理」視為運用權力的結果。此外，他對罪犯與監獄歷史特別關注且深入研究，相信較能夠對世上所有的犯錯者或犯罪者，秉持「同情的理解」。

由此看來，寬恕乃是一種人格特質、一種生活實踐，不該只是一個哲學觀念。寬恕彷彿是人心裡一粒粒等待萌芽的「良善」種籽——「良善」是世上最教人歡喜的事物，它與寬恕同行，也與一切寬容的言語與行動共在。

而世上良善的大集合，應是所謂的「和平」；和平本是人間最一般、最尋常的寫照，因人心多變，人事多擾，人世多亂，我們竟得抬頭仰望，才能瞧見和平如飛鳥般，來去無蹤又無影，它又往往只能和我們在夢裡相見，因為一旦醒來，多變的人心與多擾的人事便連袂而來，我們置身於動亂不已的人世，而心不平，心不安。

「和平」真的只是千百年來，世人一場又一場的大夢嗎？

On Scene
10

和平的現場

使人類全部的自然稟賦都得到發展的
一種普世性的世界公民狀態，有朝一日終將成為現實。
—— 康德

暴力與惡的距離有多少？

中文「和平」一辭，是由所謂「八德」最末的「和」、「平」二字組合而成。長久以來，「和平」已然成了具有豐富人文意義與道德意義的普世理想。如今，「和平」作為人類共同的心靈想望與行動標的，它更有著來自人性深層的終極義涵，特別在仍然無法完全免於紛爭與戰爭的人類社會之中，念茲在茲地從事追求和平的種種努力，確實值得我們從個人到群體的整個生命向度，賦予最真摯、最純粹也最堅定、最長久的關注與付出。

「和平」的英文 peace，源於古法文 pais，意思是「和平、和解、安靜、協議」，四個概念相互整合而彼此連結；另外，peace 也源自於盎格魯法文

pes，pes又來自拉丁文pax，意思是「和平、協議、安寧的協定、沒有敵意、和諧」，意義其實和前者大同小異。而就英文peace而言，則是在一三〇〇年左右，譯自希伯來文的「平安」，「平安」則是希伯來人日常的招呼語。

直接地說，「和平」指的就是「沒有暴力衝突或不畏懼暴力的狀態」。因此，在和平的狀態中，理當沒有敵視與敵對，更不能有任何的鬥爭與戰爭。而「和平」自是蘊含「自由」、「自發性」、「非強制性」以及任何足以保障自由、自發以及主動、美善且穩定的生命力道與精神意涵。

從二戰之後，以「和平學」或「和平研究」（irenology, peace studies）作為一種哲學思考來連結相對應的多元思考，它引來了具有知識性、理論性、實踐性與行動性的人文學研究，實在值得各方關注。此外，在以「全球性」或「普世性」為範域的意理脈絡中，探討「和平」的真諦，同時將「和平」作為至高之人文理想，並從而敞開心靈，以開發人性共通之資源，試圖鋪展開平坦人道，終究可能是所有不願被暴力所侵害，更不甘活在威脅、恐懼，以及種種災難與傷痛之中的人們的共同盼望。

和平最大的威脅意謂著，對和平而言，最大的破壞力就是暴力（violence）。因此在「和平學」企圖解決國際衝突以實現「世界和平」之理想與秩序，而運用理性思維、系統知識以及科學方法，來創造足以讓人類一起努力，實現「世界和平」的最高價值之際，暴力卻始終蠢蠢欲動，而且處處可見，時時都在發生，這未嘗不是人類社會的一大吊詭、一大反諷？

其實，「和平學」橫跨政治學、社會學、經濟學、人類學、心理學以迄哲學等領域。不過，從哲學的角度，我們顯然可以如此提問：

1. 「和平」的本質為何？
2. 「和平」作為一種價值（甚至是極高之價值），其標準何在？
3. 實現和平需要哪些條件？

4. 我們又如何能夠以和平的方式和手段，來實現真正的和平？
5. 世上會有永久的和平（所謂「長治久安」）嗎？

康德發表於一七九五年的〈論永久和平〉，是「和平研究」史上的經典之作，也是「法哲學」的重要理論，這篇論文的主旨是從哲學的角度來回應「國際社會如何能保持和平」這個具根本性、普世性且歷久不息的提問。康德開宗明義地如此彰顯「永久和平」與暴力、衝突、戰爭之間的對立、矛盾以及無法共存的關係：「任何和平條約如果在簽訂時保留了在將來發動戰爭的隱蔽之可能性，則不應認為是和平條約。」，他接著又說：「任何一個獨立自主的國家，不論大小，均不得由另一個國家用繼承、交換、買賣或贈送的手段收為己有。」顯然，在其哲學思維的根本處，高舉人的主體性與獨立人格的康德，同樣地在涉及哲學人類學與法哲學的理論範疇中，一本初衷地堅持：國家作為人主要集合體，也同樣有獨立自主而不容被輕易侵侮的「國格」。

康德特別著意立基於自由國家的聯邦制，乃自有其置身於普魯士的現實背景；然而，他最在意的是我們作為一個人的自由、獨立與尊嚴，他由此推出人與人之間的平等與共在、國與國之間的和平而並存。最後，康德期待的是能夠真正地實現世界和平的國際法——它決不存在於戰爭之間，因為戰爭本身就不合法，而我們每一個人都理當是「世界公民」，有權利自由地生活在國際社會之中，這就是所謂的「Universal Right of Hospitality」，意思是說「每一個人不會單純因為踏上別國的土地而受到敵意的對待」。

至於「和平」的反義詞：「暴力」、「衝突」、「紛擾」以及「戰爭」，統統是充滿負面價值的概念。本來，暴力有類別，有等級，有不同的屬性；從身體暴力、言語暴力、性暴力、精神暴力，以迄家庭暴力、社會暴力與國家暴力等等不同範疇的暴力型態，本質上其實有共通性。而暴力之意圖旨在侵犯並傷害他人（他者），它大略區分為有形的暴力與無形的暴力。不管哪一種都可能相互牽連，彼此呼應。

歷來，哲學家對暴力的產生及其影響，始終寄予莫大的關切，因此致力於根除暴力的思考與作為。在此，就以德國法蘭克福學派的批判理論為例，它的思考核心乃在試圖找出當代社會發展的基本法則與普遍規律，以徹底清除現代社會變革的負面因子，特別是科技與經濟發展所帶來的階級分化、對立，以至於出現諸多社會性與思想性的「異化」之情事，因此批判理論強調理性溝通以超克衝突與暴力，而這正是當代哲學家的人文關懷與社會關懷所繫。

因此，我們在和平與暴力勢不兩立的哲學前提之下，是可以如此地再次提問：

1. 暴力究竟從何而來？暴力是真的對反於人性而為人道所全然棄絕嗎？
2. 有所謂的「合法的暴力」嗎？特別在執法者「施暴」的情況之下，

法律的效力是否還能倖存？

3. 對不公不義的抵抗，一定得訴諸暴力的手段嗎？

4. 暴力真的能夠完全絕跡嗎？免於暴力之威脅與恐嚇，如果是人類天賦之權利，那麼我們對和平與安全的嚮往又如何能夠真正地達標中的？

面對上述之提問，我們可以運用法國學者艾維．佛特勒爾（Herve Vautrelle）在《什麼是暴力？》（二〇一八）一書中所提出的論點，來做合宜又合度的回應。佛特勒爾認為暴力無所不在，加上暴力與權力之間往往混淆不清，有時候權力假暴力而行，有時候則是暴力以權力之姿高舉正義之旗，教人難以辨認；而暴力與邪惡之間的距離亦時遠時近，時分時合。同時，暴力的出現乃自有其歷史文化與社會環境多方綜攝而成的因素與因子。因此，當暴力臨身，不管它來自個體，或發自群體，我們都不必過度恐慌；對暴力的無知以至於姑息養奸，即是「助紂為虐」、「為虎作倀」，其所犯下的過錯，已然與邪惡同義。

此外，暴力幾乎都有侵略性，所謂「異己」就是在相侵相害的緊張之中逐步變現的。面對暴力之時，如何維持並保守理性，以便在暴力的時間性近乎無限度地延續之中，全力抑制暴力的惡性循環，更需要智慧與勇氣，特別是在暴力運用種種社會性的語言、符碼與圖像以遂行其陰謀之際。由此，我們寧可相信：消解對暴力的迷思，讓所謂「暴力是力量的錯誤運用，它存在於人性的一部分，是人不可被切割的本質。」此一論斷能夠有助於吾人認識暴力，了解暴力發生的緣由，而進一步設法來遏止暴力，同時思考預防暴力的有效對策，以徹底消解和根除。

我們都不希望如薩德（Sade）所言，有些人會沉迷暴力中想因此擁有更大的快感。終究看來，在各種暴力中，最需要我們思考並提防的是集體暴力，特別是那些假「國家」與「政府」之名所施展的暴力：

真正令人不寒而慄的暴力，應該是類如戰爭、種族屠殺和死亡集中營等集體的毀滅性舉動。回顧人類一再上演的相互殘殺歷史，作者明確表態，暴力不應該被視為一種動力，更不容加以正當化。這看起來像是道德宣示，不過，正如台灣在「轉型正義」中進行的反省般，任何暴力絕對會有「受害者」，而遲到的正義遠不如從源頭處就預防性地遏止暴力，才不致鑄下無法彌補的錯誤。

（顧忠華，《什麼是暴力》推薦序）

本來，轉型正義亟須借助於司法正義，不公不義恰恰是暴力的溫床；若正義是和平與安全不可或缺的保障，那麼所有遭受不公平、不公正待遇的弱勢者竟無法得到應有的保護與支持，那一味被縱容的罪與惡，以及由此而生的仇恨與怨懟，便是讓人性潰決，讓社會崩裂的元兇。

如今，我們最需要的是在追求和平與防止暴力雙管齊下的過程中，不斷地運用多元且開放的思考，平心靜氣地來看待那被認為是「拒絕理性、摒棄邏輯、排除對話」的暴力（或暴力份子）；無論如何，我們都不能無來由地屈服於暴力，因為暴力與道德相反，且常與邪惡為伍。在此，且讓我們在緊張、衝突且充滿敵意與不平、不公、不義的現況裡，一起以同理之心待人接物，並一起集結正向之力來反制一切的反動與背叛；而後，在學習「容忍」及以「寬容」為美德的人文滋養之中，共同捍衛和平，向一切的暴力宣戰。

確實，和平是消弭一切暴力的結果，而且是良善之果、美好之果。當然，世界和平是很難實現的人類大夢；不過，努力營造一個安詳靜謐的家，絕非難事。

家把和平的意義濃縮，也同時把和平的氛圍帶入住居於家中的每一個人的心底。說家是和平的現場，一點也不誇大；而歡喜成家，甘願在家，或者把家的範圍擴大，將家的型態改變，卻仍然守住家的優質屬性與奇妙作用的人們，彷彿是傳播和平信息的天使。

On Scene
11

在家的現場

方法寫在沙灘上，理想刻在石碑上。
—— 蘇格拉底

非得成家——才能立業嗎？

我們人一出生，就在一個個的「家」裡生活，不管那「家」究竟是什麼樣的型態和結構。而後，在成長的過程裡，家就一直庇護著我們，一直照顧著我們，一直供給我們生活之所需，讓我們長大成人，其間貫穿的是父母無微不至的關懷以及兄弟姊妹相互的陪伴與提攜。

而「家」的功能到底何在？「家」對我們每一個人的意義又是什麼？當然，「家」不能只是硬體的存在——一棟棟房子並不等於一個個的家；家的功能與意義，是理當由居住其中者來細細盤算，深深體會。

最初，我們無法選擇自己的原生家庭，但成年之後，有了選擇成立另一個家的能力與機會，而這個新家往往是連結著婚姻而來的。由此看來，家庭與婚姻之間的關係自始便十分緊密，而婚姻的發展若出現變化的實際情況，更是直接牽動著家實質的存在以及其中實際的內容與境況。現實中，一個人的生活，基本上便是以他的家庭為起點、為立基點，由此推廣開來。

說人是家庭的動物有幾分道理。傳統社會幾乎都是以家為其核心單位，有些小社會（如一些小部落）其實就是家的積累與擴大。難怪古人說「齊家」之後可以治國，可以平天下，說得是那麼順理成章。不過，在由個體而群體，由「私」而「公」，以至於出現形形色色的社會性組合，其間的過程顯然涉及不少人際關係的質變與量變，因此我們很難將「家」、「國」、「天下」三者一線牽，且必須多方面考慮客觀面、結構面與制度面的種種因素。顯然，家所衍生的生活系數其實相當複雜，而其中的文化因子更早已蠢蠢欲動，值得我們從哲學思考（主要是倫理學思考）的角度，來作深入的考察。

若要讓「家」成為一具有哲學意義的概念，我們至少可以在下述三個面向的論域中，本構作出相關的哲學命題，並展開具有系統性與開放性的哲學論述與哲學論證。

1. 「家」之所以存在，其緣由是否隱含著源自於人性之必然？
2. 「家」作為吾人出生後所置身的最初的社會性組合，在其實然面向中，又有哪些涉及倫理學思考的應然性意義因子？
3. 「家」所以有變數——從住家、居家、離家到「出家」，其中緣由又與吾人存在境況之偶然性（包含那些難以通過理性思考予以斟定的主客觀因素）有何關聯？

當然，論及「家」之相關命題，如家之結構、功能及其與人類生活文化的關係，基本上仍然必須先從社會科學的角度來觀察。因此，一般學者都肯定家的社會功能十分顯著，而其對吾人性情、習慣、觀念以及整體人格的養成，更有著十分密切的關係。若論家自有其先在的功能，那麼「家」的概念可以對吾人從事具根本性、基礎性、整體性以及未來性的哲學思考，提供哪些具有主體性的意理資源？此外，吾人生就的「原始生命力」，柏拉圖在《饗宴》篇裡，將其界定為「愛欲即是一種原始生命力」；如今，此一自由自主的生命原創力又被認定是「每個人肯定自己，確認自身的一種驅策力」（羅洛梅）。而若如此對吾人生命本質性內涵的哲學觀點可以成立的話，那麼家作為人類最原始、最基本也最普遍的社會體，而後逐漸蛻變成為人與人共生共在，而可以相互陪伴以迄終老的社會制度，它到底和上述的「原始生命力」本具自主、自由、創造、不受拘束、不輕易被遏抑攔阻的特性，又如何能由彼此抗衡到相互調和，以協同運作出一個個具有休養生息功能的生活共同體？

如果我們可以浪漫地做以下的描述：「家，是心停泊的港灣，它可以給任何一個人溫暖的感覺。家，絕對不單單是指一個可以睡覺，可以吃飯的地方。」又曾經有人為家下了這樣的定義：「有愛的地方叫做家。」對這些美好的形容之辭，我們至少可以如此提問：

「家作為一種歸宿」，其中究竟有何道理？而所謂「歸宿」的意義又為何？而若個別生命之存在一定要有依有靠，那麼我們每一個人作為身心靈一體的整全個體又為何需有「生命之歸宿」？而家自有其溫暖，自能提供住居其中者的安全、便利以及生活必需之資源，但又為何世上不少家庭曾製造出諸多的不幸、災難與邪惡？

家的出現，從宗教信仰的角度看來，自有其無可排除的先天性與神聖性，但又為何實際上存在的各式家庭都難免出現一些無可逆料的變數？家確實有常有變，家的常數往往依賴血緣與親情，以及家中每一分子對他們「家」的向心力與認同感；而家的變數與裂解，大多來自父母與子女之間的對立與矛盾，以及婚姻裡雙方之間的情變。王文興的《家變》，描述小說裡的主角是如何從對父親有著莫名的崇拜，到對父親產生強烈的憎惡與怨恨，連帶地強烈憎惡自己幼年的無知。雖然小說讓主角與母親和解而獲致家原本該有的和平與寧靜，但最後這逐漸像個「家」的家卻突如其來地發生父親的「失蹤」。小說如此結局，其實並沒有結束。事實上，世上每一個家又何曾有圓滿結局？

家當然需要愛，但有愛不一定要成家？愛的形式和類別又不一而足。此刻，在多元成家已受法律保障時刻，我們對「家」的思考顯然也必須隨著開放，而對「家」進行多元思考，其實就是包容各種類型的愛。由此看來，傳統「家」的概念也必須跟著被拆綁、被解構；而明日的家、未來的家、新世紀新時代的家，或許在足以突破種種界限，同時又足以拆卸種種框架的網路之中，變現出截然不同於這個世代的家的嶄新風貌。

對「家」的認知與理解，其實是隨著人類文明的發展以及社會結構的變遷，不斷地推陳出新。其實，所謂「大家庭」與「小家庭」的分野，不只是家組合人數的增減以及成員屬性的殊異而已，其中之變數往往與我們對道德倫理的觀念與態度有所糾結，有所牽連。此外，在現代化浪潮衝擊之下，家的型態與結構之更迭變異所反映出來的人文異象，恰恰是在現代人對己身與他人可以共存共榮的新生活熱切期盼之下，一起營造出來的。如果從傳統性特強的某些精神文明之角度，來觀察家庭作為一個生活場域、社會場域與文化場域，它顯然已將生活、社會（社群）與文化三者之間融鑄為一的資源盡量地予以運用，讓我們可以於其中獲取「成人」所需的條件與滋養。

原始小乘佛教曾謂家為「火宅」，因此我們理當速速出離。這樣的觀點有它當時的特殊社會背景與宗教文化思維，而後大乘佛教有容乃大，於是對吾人原生之所寄所託，採取不離不棄的態度——護生護家以至於護國，更恰恰是大慈大悲的具體表現。因此，以此一佛教信仰對「家」觀點的改變為例，我們往後在處理各種「家變」（包括家人的作為與遭遇所可能肇致的種種情境）時，確實必須通過與當代「情境倫理」與「關懷倫理」相應的觀念與思考，來做出具體而有效的回應，以及真正能夠解決問題的策略與行動。

或許，有些哲學家並不重視與「家」相關的哲學問題，就我們所知的蘇格拉底一生的言行看來，他很可能不是一個愛家的人，因為蘇格拉底最關心的是雅典這個市民社會到底如何變成一個美善的人民集合體。不過，世上倫理學家應大多肯定家的存在以及家對吾人生活與生命的重要性，並且相信：真實地「住」，才能成就真正的「家」。如今，有人認為重視家並要我們不能輕易離家、棄家的儒家，之所以已經無法說服我們留守在家裡，理由便是：「如今，所謂『儒家』，其實已然沒有『家』了」。也許，孔子只能無言以對，當他看到目前世上家變連連，愛家戀家的說辭恐早已今非昔比。由此認真地去探究「家」和其他社群之間的關係，以便在「公」與「私」之間，做出可以互動互助的分界與分工，並進一步思考：如何超越家的藩籬，而在不離家不出家更不壞家的前提之下，一方面肯定家的存在價值，一方面又能鋪築出社會與國家所必須的公共空間與公共領域。唯有如此，我們才真正懂得「護家」之道吧！

如果，「家」的意義與型態一直在改變之中，那麼，「家」其實無所不在：

到處不住到處住，處處無家處處家。

（南懷瑾）

既然，「家」可以無所不在，「回家」便不難，「出家」也就不是斷、捨、離，只要我們有本事，有智慧，有勇氣，我們便可以輕鬆地留在家裡，也可以瀟洒地離開家，自由自在地活出真真實實的自己，這可謂是莫大的福分呀！

當然，我們擁有一定的本事可經營一個家；也都有一定的福分，經常在家享受天倫；或者，有時出門在外，仍運用智慧與勇氣，和家人做精神的連結和情意的交流，而準備隨時可以歡歡喜喜地回家。

說家是個堡壘，難免誇大；說家是個場所，又太過平淡；說家是個特殊的人際關係的組合，卻又顯得有點嚴肅而少了趣味。

事實上，家可以不拘形式，而有多種型態的變化——說單身者不成家，其實他一人可以是一家；若他有伴，伴侶亦可成為他的家人，也可以偶爾作客般來去自如。而家人都是親人，親人不限血緣，不擇關係。只要有情有愛，有恩有義，便都是家人與親人。

兩千多年前，我們的哲學家蘇格拉底老是出門在外。也許，蘇格拉底和他的學生、朋友以及雅典公眾相處的時間，遠超過他和家人（特別是他的妻子）相聚的時間，就連在就義臨刑之際，似乎都沒想過要見見他的妻子，有人因此說他無情無義；但是，如果從蘇格拉底平日的生活看來，由他的學生陪他安然度過此生最後的時光，實乃理所當然。

原來，蘇格拉底的家不是一般結婚生子所需要的那個住宅、那個居所，因為他所住所居所共處共聚的「家人」，幾乎是整個雅典城的住民、居民，特別是他心目中雅典城邦的「公民」，更是和他共組這個大家庭的好幫手。因此，說整個雅典城是蘇格拉底的家，應不過分。

不過，若從狹義的「家庭」看來，我們的哲學家很可能不是一個好丈夫、好父親，因為從世俗的角度來論斷，沒有固定的工作和收入的蘇格拉底，不知他如何「養家」？在臨刑之際，聽說他一再地拒絕妻子去探望他，不讓她見他最後一面。果真如此絕情，如此冷酷，蘇格拉底又如何能是個好丈夫？此外，經常不在家的哲學家又如何經營出一個好家庭？

家理當是我們每個人一生的居留之所；只是，我們都希望能有個安全而幸福的家，甚至希望能夠永久居留於這美好的世界之中。

On Scene
12

永久居留的現場

對感官知覺而言，終極的事實便是事件（events）。

—— 懷德海

天地 是我的居所嗎？

其實，世上每個人都應身懷「綠卡」——一張不知名星球的永久居留證，而且一生就只擁有這一張。那不知名的星球竟始終沉浮於各人心頭浪來潮去之間，教人們日夜奔忙，只為打聽隔空傳來的滴答之聲。滴滴再答答，單調又反覆，世人於是變身成敏感多愁的詩人，將科學知識放入百寶箱裡，手裡拿著一根根仙女棒，棒棒火花開，則人人靈光閃爍如星辰，一一逕眨眼於清冷夜空中。

原來，科學讓理性如灌木叢生於園圃之內，它們依序而生，循階而上，乃少見脫軌背道的流亡之徒。不過，天地無所不容，人心無遠弗屆。既然人間有情亦有信，我們還是得一再地邀請詩人入座，一再地給感性、情性與靈性等一些不再來的機緣，讓它們活躍如水分子般可以教青春的肌膚常保滋潤與光鮮——美麗可是上天的恩賜，恩愛乃大地的餽贈。

若我們只是成天嚼食理性之渣滓，而忘了走進感性、情性與靈性三者構建成的生活華廈，親身去鑑賞生命自身無所假借，更不能揚棄的珍貴品質——有品亦有質，有格亦有調，有趣更有味。因此，我們除了整天和各種物件接觸外，還可以坐擁一面面觀景的窗戶；不用仔細檢查，就來個「相看兩不厭」，把整個世界、整個實有界，輕輕放入深不見底的心坎裡，而這不也是很理性、真自在的生活態度嗎？原來，感性之中自有理性的因子流動，一對清澈的眼眸裡，也自有明晰的輪廓，不需幾何學家費心測量。當恩慈滿懷之際，我們不最能貼近生命之實相與生活之真理？

有人說：哲學是心靈的體操。

有人則說：理性乃人文之先鋒。

事實上，哲學家作為人類歷史的領航員，兼具智慧與勇氣、理性與感性。因此，他們具有超強的平衡感與鎮靜力，且足以克服驚濤駭浪。此外，他們面對無法逆料的未來，雖然沒有能力扮演「先知」的角色，卻總是能握緊方向之舵，朝目標前進，並設法避開險礁與漩渦，適時做出靠岸的決定。當然，哲學家跟所有的人一樣——只是一個人，單單純純、明明白白的「一個」人，沒有三頭六臂，沒有奇技怪能，也沒有所謂的「特異功能」。

因此，哲學家講的「哲學」，理當可以讓所有的人都聽得入耳，想得入心，而他們的思考模式也應符合一般人的「生活邏輯」；也就是說，哲學縱然不是可以填飽肚子的米糧，卻和我們每個人的身家與性命，有著十分密切的關聯——一方面，哲學如腳前明燈一般，指引我們奔向各自的目的地；另一方面，哲學像是一劑苦口良藥，可以療癒我們的身病與心疾，讓我們在受創遭害之際，仍然能夠勇敢果決地追求人生的理想。

也難怪柏拉圖會把哲學喻為「帶有體育性質的科學」。本來，思考就亟需持續有恆的鍛鍊；而哲學作為一種具有基礎性、本根性、普遍性以及終極性的思考（如那企圖探究知識底蘊的思考，以及那參透生命祕辛的思考），它更需要我們付出足夠的心血、熱情、膽識與那固執正確方法的堅定態度。至於說「哲學帶有體育性質」，基本上是對哲學的功能與意義的肯定，因為古哲學家從來不曾妄想自己可以出世、逃世或遁世，而把生活的責任一腳踢開，或任意糟蹋個人可以享有的生命資產。

因此，哲學作為一種學問（柏拉圖所謂的「科學」，指的便是有系統、有條理的學問），它始終與我們這身心一體、頭腳一脈、靈肉不分不離的獨立個體相應相和。於是，哲學便如種子落地，生根發芽實乃自然之事；而哲學家就是那辛苦耕耘的園丁，他們或者逕自藏身於人海之中，或者於眾聲喧嘩之際默然地不發一語，或者竟以鶴立雞群般醒目地現其自由之身，而教眾人仰望如幼嬰之仰望慈母。

如今，哲學已然成為一種專業性或專技性之知識，因此被貼上糊有「理性」名義的標籤。所謂「理性」，其真實之意涵顯然十分豐富，並同時具有不少的歧義；所謂的「工具理性」，就是把理性當工具使用，並將智性作為吾人生活意向的一般性指引——其中，科學知識與科學技術（科技）便是工具理性的產物；而在商業社會中，所有攸關生活便利的手段運用與理論實踐，也都在工具理性的範域中，大如管理國家的民主運作、維護社會秩序的律法施為，小如蓋一座小屋以遮風蔽雨、縫製一件衣裳來保暖護身，也都是工具理性的直接作用。

此外，還有所謂的「價值理性」與「道德理性」，與哲學的理想相互呼應。在價值思考與道德思考都必須將生命內在之驅力、心靈隱含的因子，以及吾人之情感與意志所牽連的各種主客觀條件涵容為「價值邏輯」的基本構造前提下，我們便不能不一起來面對下列之重大課題：

1. 真假之辨與對錯之別究竟該如何被放入理性運作的歷程中，來細細地分析並檢查我們的思考與言行？
2. 好善（追求「善」的理想）與惡惡（棄離「惡」的現實）的道德判斷與道德情感，乃吾人與生俱來的能力（所謂的「良知」與「良能」）？或者是吾人後天所養成的一種操行（所謂「操行」或「品行」即道德能力之表現，並因之習以為常，而變成吾人之人格構造與生活習慣）？
3. 明判美醜的審美能力是否已超乎一般之理性思考，也不是概念性的邏輯所能夠觸及的？而「美」作為生活之核心意念，「美感」作為生命之基礎意識，又是否已然成為特殊的哲學課題？——「美學」之為一種哲學、一種理論，它的合理性與有效性又在哪裡？對此，不僅科學家有話要說，詩人與藝術家更有感而發，而哲學家竟恍如被夾在中間，乃不得不仗「義」直言。

看來，哲學家並不必然以理性為靠山。而這世上也的確有不少「非理性的人」——他們所以被認為（其實是「被誤為」是「非理性的」，可能是因為他們情感豐富，也許有時候還「感情用事」），或者再加上意志薄弱，缺乏決斷之力與行動之力，而導致「心有餘而力不足」，甚至衍生「表裡不一致」、「口是而心非」等性格之病痛，以至於對真假、對錯與是非，無法即時予以分辨，或者竟糊塗行事、鹵莽而衝動。

如此一來，「非理性」之名號乃冠在他們頭上，為他們帶來些許「汙名化」的負面作用。不過，由於「理性」的義涵一直不清不明，而且見仁見智，甚至人言言殊，以至於成天自認與「理性」為伍者卻往往不是那麼理性，而那些被認為不怎麼理性的人反倒是在某些屬於生命的意義層次上，比其他人更接近理性，至少不是表面依順理性，而是從生活世界的底層或裡層中湧現出對理性、對真假是非與對錯明明白白、清清楚楚的嚴正態度。

在此，我們顯然可以在屬於個人也同時不外乎人群的生活世界中，發現事實上「理性已然內含感性」的斷言並非無的放矢，而吾人生活經驗所帶來的諸多效應，基本上也成為種種足以凝聚吾人生命意向的內在因子，同時也可能為我們的價值意識引發出某些指引之作用，甚至因此形塑出某種特殊能力，進一步衍生出個人人格內裡之變化，以及整體文化深層之革新。

這個時候，又該讓詩人現身了吧！其實詩人一直徘徊在理性的邊界，一直運用著他那感性之盾來阻擋自己理性之矛——原來，「矛盾」不只是邏輯的專有名詞，矛與盾一起擔綱的場場好戲，實乃人生叫好又叫座的演出！除非我們老是萎靡不振，否則生命張力只會教我們一直處在興奮狀態，一直催促我們迎向生活的高處。詩人在玩文字遊戲之餘，其實一直很理性的在處置自己的感情、靈感，以及自我作為主體與世界作為客體之間的交感——是主客相交，是內外互感，是道理、感覺與心靈無限延伸之歷程三者交互影響的動感，而哲學思考就在其中用最詩情畫意的方式，如風似雨般地為生命無限之風光，落下晶瑩無數。

天地自有無限風光，生命自是無比美好。老子一句：「天長地久」，便道盡了時間與空間交錯縱橫的奧妙；我們如果能如老子一般嚮往自然，甚至以自然為師，以自然為法，那麼，這長長久久的天地便是我們每個人的永久居留之所。

此外，老子的道指的就是我們這一生所居留的這個天地之基礎，也是一切存在的根本。老子因此有如下的斷言：「人法地，地法天，天法道，道法自然」，其實，道就是自然，自然就是道。而天地之所以能夠長長久久，便是因為天地本就自自然然，而一切的存在都由造化而來。自然的造化恰恰和人為的造作相反，且自自然然的天地其實無所造，也無所不造：無所生，也無所不生。於是，長長久久不妨朝朝暮暮，只因時間是那麼深奧！時機是那麼奇妙！

顯然，老子一心盼望的是我們能夠把這自自然然的天地，當作是這一生唯一的家，而不必去奢望那所謂的「永恆」，或是去妄求那些永久不變的虛擬之物。

三、四百年來，當西方哲學洶湧著理性主義和經驗主義兩大思潮之際，有些哲學家耐不住這二分二元的切割，以至於出現無端的斷裂與淪落的心境與情境之餘，於是努力設法尋找出路與活路，來超脫如此作繭自縛的困境與窘境。其中，以懷德海（A. E. Whitehead）的成就最為可觀。他認為「實在」（reality）只在「歷程」（process）之中，它並非靜止不動之物；同時，在懷德海心目中，客觀的事實（fact）其實是一大事件（event），它也在種種的場合（occasion）之中。由此看來，懷德海的「歷程」彷彿是老子的「道」，始終對我們生活的天地不離不棄，也以全幅的襟懷，來面對和我們的存在息息交關的種種因與緣。

因此，我們或許可以說，東方老子和西方懷德海的哲學進路實乃「殊途同歸」，因為他們都抱持著：對一切存在物的關注、對一切心思與觀念的警醒，以及對人類未來願景的期盼。如果說他們的哲學主要的目的是在具體構思那可以讓我們永久居留的現場，亦不為過。

看來，活在此時此地，我們是必須同時擁有一雙詩人之眼以及一顆哲學家的腦袋，並且時時手腦並用，身心同運；如此一來，我們就可以在人我溝通且彼此交流無礙的生活管道中，一起努力，共同奮鬥，讓世世代代都願意永久居留在這美麗的國度。

就讓我們好好活著，好好活在此生此世，此時此地，而毫不遲疑地稱呼所有和自己一起生活的人們為「我們」；原來，我們、你們、他們，統統是咱們，全部是自己人，因為「大家」終究可以成為一個個的大家，而「生活世界」便成為所有人共同的關注、共同的歸屬。

On Scene 13

活著的現場

我的心靈使它所思想的任何東西，

都成為無法破壞的實在性。

—— 奧德嘉·賈塞特

生活　真的不易嗎？

確實，我們活在世上，活在這個星球上，如果真的需要什麼證明文件，其實只需要一張「永久居留證」。

哎！說「永久」，其實只是我們這一生短短數十年的時間。如果歸根究柢，想想來世上這麼一遭，我們又何必身懷綠卡？試問：

我們到底是這世界的主人？還是個過客？

我們是一塊塊土地、一間間房子的所有權人？還是暫時棲身，隨時都可能走人的房客？

其實，人要「迷失自我」並不容易，除非我們無端否定自我，拒絕自我，而導致自我矛盾，自我分裂。何況人類的歷史，特別是人類哲學、思想與文化的歷史，簡直就是一部尋找自我、肯定自我，以不斷地形塑自我、發展自我和實現自我的歷史。從對自我發出的信心與信念，到對自我的思考，對自我的懷疑，由此一步一步地進入「自我的發現」，這個發光發亮的心靈歷程——世界之所以文明，所以進步，根本的原因就在這心靈歷程不間斷地往前推進！

不過，「自我」要面對的困難，要克服的挑戰，要渡過的難關始終橫在我們的面前，因此我們不得不嚴肅地正視「自我的命運」，更不得不想「自我的明天」、「自我的未來」是何光景，在此，就讓我們來聽聽西班牙當代著名哲學家賈塞特（J. O. Y. Gasset）細數一個個的「我」在失去天真，離開人性古老而美好的樂園之後，是怎麼在哲學家心裡翻滾，又是怎麼在哲學家的眼裡流轉的：

對希臘人來說，自我只是宇宙中的一個細節。柏拉圖幾乎完全不用「我」這個詞語；他總是說「我們」——這指的是整個社會，或是雅典城的整個群體，又或是他學院裡的一群追隨者。對亞里士多德來說，「我的靈魂」就好像一隻手，它觸摸宇宙，讓自己貼順著宇宙之形，以期由此認識宇宙。到了笛卡兒，自我已被提升為理論上的一項基本真理；萊布尼茲更把自我視作為「單子」（monad），封閉於一己之內而與大宇宙完全不相干——它成了一個小宇宙（或者，用布萊尼茲自己的話說，它是一個「小上帝」〔petit Dieu/microteos〕）；這個傾向到了費希特（J. G. Fichte, 一七六二至一八一四）而達至顛峰——我成了一切，我成了整個宇宙！

可是，當「我」成為了一切之後，它是無比寂寞的；就好像權傾一切的中國皇帝，只能是個「孤家」、「寡人」。

（奧德嘉．賈塞特，《生活的哲學》）

一方面，自我是個小宇宙，甚至是整個宇宙；另一方面，當自我「成為一切」之後，又很可能會感到無比的寂寞與孤獨。看來，要好好安頓自我，好好地讓自我恰如其分地活得真真實實，確實不是一件容易的事。此外，自我能思能想，有欲有愛，而思想與愛欲又往往交相為用，於是自我便始終與一切的「非我」糾纏不清，因此世上便有了許許多多的情愛故事，而出現了美麗動人的詩篇與戲碼：

於是，自我又想走出一己之外，去找一些「別的」東西。

找一個愛的對象？

愛欲與真理之間，並不盡是矛盾。如果真理不是愛的一個對象，又怎會有人追求它，怎會有人發現它？

如果說，我們這個時代要超越現代和它的唯我思想，這是出於我們的生之所欲——這是我們這個時代人的命運……是失樂園之後，人所不能逃的命運。

（奧德嘉・賈塞特，《生活的哲學》）

確實，你我既然活著，便是出於生之所欲；若說我們自己活著，當然是指「我」這個人活著。簡單的一句：「我」活著，不管是怎麼活著，什麼樣的「我」活著，又到底活出了什麼樣的「我」？如今，拜科技之賜，以及種種現代化的裝備多方加持，我們在生活的許多方面，已不像祖先般活得那麼辛苦！那麼艱難！不過，我們還是要問：

活著，是很簡單的事嗎？

而如今生活又真的不易嗎？

再讓我們來看看賈塞特是怎麼從思想與心靈，一直討論到我們人自身的存在內裡：

因此，我們可以說，思想有一種特權，就是能使自己存在，能成為本身所面對的事實，或用另一種方式來表示。對所有其他事物來說，它們存在的事實與我們對它們的思想是兩個不同的東西——所以，它們往往是問題而不是事實。

存在就是這個自覺。認知中的基本事實即是：認知就是認知本身，不是別的東西。

而活著不能只是一個客觀的事實——如果說，此生莫非「一大因緣」，那麼，其因其緣實乃心物來往、主客交接與人我互通的大集合。

因此，「活著」就是「存在」，而人作為一個存在者總得有「自覺」（self-awareness）——自覺自己真真實實地活著，而且能夠把自己的「過去」選擇性地納為生命旅程每一段的精彩，把自己的「未來」前瞻性地轉成生活內容的篇篇創作，同時把自己的每一個「當下」化作自覺、自立、自強的陣陣脈衝。

如此一來，縱然思想裡滿滿是問題，心靈中處處是坎坷，其實也難不倒依然活著的我們。也難怪賈塞特在確定西方哲學千百年來的基本走向之後，他終於發現「實在論」幾乎是不動如山的哲學磐石，一切的實在、一切存有的中心就是我們的心靈：

心靈便成為一切實在的中心和支持者。如果我從自己心靈的本來面目去看它從事思想活動的話——如果我把思想活動當作是我的觀念的話——那麼，我的心靈便使它所思想的任何東西成為無法破壞的實在性。

看來，心靈、思想與實在（存有）儼然一體成形，而三者之間彼此相接相連，裡外互通。或者，從裡到外，一路擴散開來；或者，由外向內，一貫地凝聚起來。因此，賈塞特特別關注的「自我」，始終在主客之間、心物之間，以及身心之間，持續地形塑而成。

因此，在「以心靈為一切實在的中心」之前提下，賈塞特顯然對傳統的二元論（包括主客二元、心物二元以及身心二元等二元論）不甚滿意，因此斷言「自笛卡兒以來的近代哲學，根本上就是唯心論哲學」。不過，賈塞特的意思主要在突出心靈的作用與功能，於是強調「唯有經由心靈自覺的過程，我們思考的一切才可能是真實而有意義的」。因此說他主張的是「大心論」，似乎更為切題；彷彿佛法云：「萬法唯心」，其中深沉而奧妙的意義，絕不是那些執迷不悟以至於淺薄無味的主觀主義或唯我主義者能夠真正理解的。

同時，賈塞特警覺「我思故我在」的單向思考以至於竟有去無回，只出不入，而只一味地耽於自我的擴散與擴張，忘了精神的凝聚、沉澱以及自我的回歸與心性的還原，最終的結果便可能是：

哲學已成為倒過來看的世界，已成為稍涉科學知識者反自然的學說，已成為隱密的智慧，已成為奧祕的信條。思想已吞沒了世界：物已變為純粹觀念。

此外，賈塞特也不認同所謂的「將自己外在化」的存在方式，因此他說：

古代世界只知道一種存在方式，這種存在方式就是將自己外在化，因此也是將自己展開，將自己表露，使自己指向外在世界。他們稱存在的顯示為「發現」、表現、暴露。

（奧德嘉．賈塞特，《哲學與生活》）

確實，科學思考一開始往往以「發現」為要務，甚至一直樂在漫長的驚奇之旅的路途中，而忘了展露「自我」向無窮無盡的「內在」——當然，如果我們不熱中於所謂「外物」的話，「內在」其實只是方便之辭。

而我們恍如置身於心物之間與人我之間，也可能只是生命歷程中的一個過渡階段；思想與實在（存在）的相互應和，就彷彿一派優閒的擺渡人在此岸與彼岸之間陣陣的吆喝與呼喚罷了。

如今，為何仍有很多人感歎「活得很苦」、「活得很辛苦」，甚至覺得活得很茫然，很沒意思？而這應不是所謂的「物質生活」出了什麼問題或是自己的身體出了什麼毛病，甚至也不是一般的心理問題。基本上，此時此刻，我們可以悠哉悠哉地坐在沙發上，將這些感嘆當成是哲學問題。

而我們更得繼續追問：

如果，「活著」指的是活出一個真真實實而且自由自在的「我」，那麼這樣的「我」又到底如何能夠過著自給自足的生活，而真正地成為獨立的主體呢？

本來，所謂「自給自足」，指的是個人生活的需求基本上不必仰賴他人，不需向別人伸手乞援；不過，這只能相對地說自給又自足。

既然我們都必須活在一個社會裡，而一個社會就是由一群人共同經營出來的一個生活世界（life world）；胡賽爾（Edmund Husserl）在他獨創的

「現象學」（Phenomenology）裡，認定所謂「現象」指的是我們的經驗世界，也就是我們生活於其中的世界；因此，我們可以很直接地說：「所謂『世界』，其實就是經由我們的生活歷程而不斷形成的；因此，『生活世界』就是我們的生活經驗所累積而成的世界。」

我們生活經驗的核心就是生活意識與生活意向。意識必有對象，它直接的對象往往只是個觀念，是個有意義的觀念，而「意義」並不純粹是主觀的，特別是那些揭露「本質」的意義都理當是具有普世性與必然性。因此，可以說，我們活著的現場便是充滿著普世意義的一個個生活世界。

在此，我們不必去深究胡賽爾現象學的理論核心，只要回想我們自己生活經驗的形成、積累與發展的過程，或者檢索一下個人主觀意識是否有清明而真切的直觀作用一再地發揮其效力，因此不斷地排除（至少是「擱置」）我們心中一些既成且固著的觀點或成見。如此一來，我們才得以逐漸逼近事實與真實；這思想回返、意義還原，幾乎就是現代人理當自給自足的心靈運動——或可稱之為另類的「息心止念」和「明心見性」。而一個在心理上、精神上以至於人格上，能夠自給自足的人，理當是一個獨立的個體、獨一無二的主體。

如今，不管我們生活在哪一種社會，或是哪一個生活世界裡，要真正能夠「當家」又「做主」，實在不容易！

桑德爾（Michael Sandel）曾如此感嘆：當這世界已經走到不存在「金錢買不到」的東西的時候，我們的生活到底還能剩下些什麼呢？

當代哲學家竟有如此的感慨，直教人驚訝不已。我們只要捫心自問：「在幾乎難以自抑的消費行為裡，有多少人能進行真正可以讓自己全然做主的買賣？」或者，繼續追問自己：「我們除了做一名當代市場裡的顧客之外，還能夠做自己生活的老闆嗎？」看來，當代市場的供需定律幾乎主宰著我們日常生活，如果能降低自己生活的需求，減少個人的商業活動，並停止對有限資源的取得和利用，甚至幾近揮霍與浪費的行為，我們或許才會活得比較快樂、輕鬆與自由，不是嗎？

也許，回到內在，回到自身，才可能逐漸離棄虛假、喧囂與混亂，親眼目睹這世界的真相以及自身生命的真實。

原來，思想必有其核心與定點，心靈自有其滋養與土壤，而一體共在的生活與世界也當在種種的功能運作以及意義探索的過程中，不斷地回到自身，回到無比豐富而深邃的內在。

On Scene
14

內在的現場

生活就是考驗。

—— 傅柯

真正的我　在哪裡？

哲學的二分法不止一種，其中有一種幾乎經常被提起：內在與外在，或者說內在的自我和外在的世界，二者儼然壁壘分明，彼此對峙，甚至相互摩擦，不斷地產生各種矛盾與衝突。

而所謂「內在」或「內在的世界」究竟是何光景？這是古往今來許多哲學家想一探究竟的生命根本問題。當然，直截了當地取消「內在」與「外在」的二分思考，來個內外一體、主客通貫以至於心物合一，或許可以造就出一個完完整整的世界來，但如此一來問題真的解決了嗎？

如今看來，問題可能不是這麼簡單：

一句「至大無外，至小無內」只是玩笑話嗎？而在所謂「完完整整的世界」之中，又怎麼去找一個「完完整整的我」呢？

如今，我們仍然像祖先一樣，得勞動，得工作，得為生活的溫飽打拼，縱然我們休息的時間越來越多，卻仍然「不得閒」，一顆心彷彿被吊在半空中放不下來，這又是為什麼呢？

且讓我們來想想：兩千多年前，莊子的「逍遙遊」到底給了我們什麼啟示？

想像自己如鳥一般，在天空裡自在翱翔，自是心頭一樁樂事；但是，如果自己本身就有「飛」的能力，想飛，就飛；不想飛就用兩腳著地，行走於山川水澤之間，這可就是不凡的稟賦，甚至是非凡的福分。於是莊子在大鳥和小鳥登場作飛行示範之後，便讓一位會飛的「人」出場——列子。莊子說列子是「御風而行」，輕妙自在；不過，頂多就只是飛個十五天（半個月），便悻悻然折返。因此，莊子說這樣的飛行仍然不夠灑脫，不夠超然，也不算是真自由、真自在，只是暫時不用腳走路罷了！

原來，莊子心目中真正灑脫，真正超然，真正享有真自由且有真德行的人是下面這三種人：至人、神人和聖人，他說：「至人無己，神人無功，聖人無名。」（《莊子．逍遙遊》）至人超越了封閉的小我，神人超越了有形的功績，聖人則超越了外在的名聲。看來，莊子追求的是心靈的自由、精神的自由和生命的大自由，這可不是擁有「超能力」或是特異功能就可以辦到的，必須有心靈的涵養、精神的鍛鍊和生命的修行（這已然是真德行、真人格），才可能穿越橫阻於我們心裡的種種偏見，也才可以去除我們生活的種種習氣，讓自己跳出「小我」的窠臼，解開名利的枷鎖，終獲真開放與大解脫，真正地做一個「自由人」——莊子甚至稱呼這樣的人叫「真人」。唉！想想自己，我們可能已經做了大半輩子的「假人」而不知不覺。

「真人」之所以能夠「如假包換」，只因為「真人」已滲透生命內在真真實實的底蘊。其實，「真人」理想的範型也有西方版本。德國哲學家魯道夫．奧依肯（Rodolf Eucken）不僅探索哲學觀念，還深入生命的「內在」去深挖「生活的意義與價值」（the meaning and value of life）——這同時也是他一本書的書名，他甚至還在一九〇八年獲得諾貝爾文學獎的至高榮譽，其中有一個很重要的原因：他不滿足於「理性」、「知識」與「科學的屬性與方法」，而另行突出「人的生命」、「人的生活」、「人的價值」等哲學主題，他更強調生命的價值創造和心靈世界的獨特性，且創導一種「歷史、文化傾向的生命哲學」，用他的話說就是所謂的「精神生活的哲學」——這不就表示奧依肯勇於深入「內在」，勇於面對「自我」，向生命無限深廣同時無比奧妙、難知難解的心靈與精神的世界跨出了他的一大步？

我們覺得，倘若人不能依靠一種比人更高的力量而努力追求某個崇高的目標，並在向目標前進時，做到比在感覺經驗條件下更充分地實現自己的話，生活必將喪失一切意義與價值。與廣闊的宇宙生活斷絕、封閉在他自己的範圍內，人只能有一個狹隘和卑下得無法忍受的生存，他自己本性的深處對他隱匿起來。

（魯道夫·奧依肯，《生活的意義與價值》）

奧依肯如此肯定生活的意義與價值，在當時西方的思想界其實並不多見，他如此高分貝的哲學召喚，幾乎可說是空谷足音，彌足珍貴。而他也同時警覺人性的內在往往必須面對許多的挑戰：

因為人被其本性的種種束縛緊緊圍住，不可能只靠一句話便使他在生活和存在中的命運得到更新。於是，他必須，要麼與現實主義文化決裂，要麼放棄內在、提高人性並實現生活意義的一切希望。

使我們如此尷尬的並不是一種外在的力量，而是我們自己的生活。對立並不在我們之外，而是在我們內部，因而證明了我們的力量。正是內心深處有某種東西攪擾著我們，又不曾完全了悟，我們才墮入如此的不安和窘困。

（魯道夫·奧依肯，《生活的意義與價值》）

原來，不安與窘困都是生活的日常，也是人性本然的境況，我們實在無法完全迴避，而我們的內在之所以能夠豐富無比，人心之所以不甘寂寞，不願無端地在空虛裡失落生命貴重之物，且一再地進行自我的超越，一再地向無限美好的世界逼近，其實只因我們擁有諸多精神的本事，儘管難免自私，難免沉淪，難免墮入無以自拔的生命泥淖之中：

人是否能夠在心中超越世界，並在這樣做時根本地改變他與實在的關係。這是我們現代文明必須面對的大難題。然而，當他被關閉在自己的單調領域中時，他深感空虛。唯一可能的補救法是徹底改變人自身的概念，在他內部區分狹隘與寬廣的生活，一種有限的、從不可能超越其自身的生活，與一種無限的、從中可以接觸到宇宙的廣袤和真理的生活。

只有相信人的精神可能性，才可能應對今天的事態必定給每一個思想豐富的人造成的陰鬱影響。我們所面對的是自然的廣闊與無情，人在茫茫宇宙中的孤苦伶仃，社會生存情緒激奮而精神貧乏的瘋狂漩渦，因著自私、受表面現象的奴役、放任他無法控制自己本能而表現的道德低下；這一切人盡皆知，是無可迴避的。

（魯道夫．奧依肯，《生活的意義與價值》）

由此可見，人內心的光亮以人的觀念作為燃煤。唯有觀念指引著我們，我們才能走出黑暗的洞穴，迎向光明的未來。

如今，我們一方面享受現代文明所營造出的豐富多采的外在世界；一方面必須面對底下這個大難題：我們是否能夠在生命的「內在」之中，奮力向「外在世界」挺進，最終超越現代文明在世界中所設下且橫阻在我們腳下的種種路障？

在被認為主張「心物二元」的笛卡兒哲學裡，已經隱隱然地點出良心與自覺乃是我們生命內在最重要的成分，真實的自我於是呼之欲出：

在笛卡兒思想中，由於本質上的不同，第一次把物質世界和精神世界分開。

笛卡兒以後，把思想稱為良心或意識，不指靈魂，不指精神，不指心理，只指氣或氣息——因為它欲使肉體活動，將生氣注入肉體，像海風推動帆船那樣推動肉體——而是良心，即自覺。這個名詞中，顯然出現了思想的構成屬性，即自知、自持、自省和自入的內在性。

（奧德嘉．賈塞特，《哲學與生活》）

原來，在靈肉相應相參、合為一的生命體之中，所謂的「內」與「外」其實已融合，而在自知、自省、自覺的主體意識之中，所謂的「我」便恍如雛鳥般破殼而出：

「我」是永遠回到主人身邊——因為它的主人就是自己——的大鷹鳥，而它的整個存在便是以猝然下降、飛向自己內在深處的飛翔姿態。這隻離開天空，飛越空間，回到自己，在內部展開自己的鳥，我們可以稱它為不是飛翔的飛翔。

心靈只接觸自己，心靈無法離開自己——意識不但各自保守，也是隱士式的退卻。所以，在我們發見真正的自我時，便會感知自己在這個宇宙中是孤獨的，從本質上看，每個「我」都是孤獨的，徹底的孤獨。

（奧德嘉．賈塞特，《哲學與生活》）

就在這內外交逼的時刻，我們可以想想哥德的名言：「必然性是最好的律師」，其中的道理實在值得每天在無數或然率與偶然性裡過生活的我們深思；所謂的「必然性」，往往只是邏輯思考的產物，它甚至只在抽象世界或形而上的境界裡發揮作用。因此，「必然性」通常深藏在我們內心深處，幾乎是以虛擬的姿態現身。

相對於必然性內在於我們的思考，偶然性卻總在我們周遭的生活現場，以外在、客觀以至於變化莫測的姿態現身。當然，我們始終在內外之間尋找生命的出路，當代法國哲學家傅柯斷言權力是整個社會的「能量流」，而知識又往往是權力的一種來源的同時，他最關心的哲學問題仍然是我們生命內在的問題；然而，關心自己，談何容易！傅柯發現當代人有一種莫名貶抑自己的傾向，特別在人我相見、彼此仍不願卸下面具的時候，我們不僅需要清明的理性，更需要有斷然的勇氣，特別是說真話的勇氣。

此外，傅柯認為生活就是考驗。縱然已深切了解人類的性經驗史，也明白瘋癲與文明之間的弔詭關係，傅柯卻始終向自己，也向所有的人，提出這個古老的哲學問題：「我們是誰？」他並不是一般的「性學家」，而他研究的人類社會，也並非只是一些現象與事實的集合體。傅柯在一心探索「主體性」與真理的過程中，他的注意力其實向著心靈的內在，向著生命的內在。也難怪他歸結出西方哲學有三種自我反思的形式與進路：回憶、沉思與方法，這三者又往往相互為用。以目前看來，我們顯然比較熱中於方法的運用，也對回憶有著較大的興趣，卻對關係著我們生命的內在沉思，少了真誠，少了耐性，也欠缺足夠的力道。

此刻，就讓我們一起安安靜靜地來思考，想一想：我們的「內在」到底是何光景？同時，我們也該在欣賞個人生命內在的美好風光之際，默默地和自己進行一場又一場的對話與交談。在沉默中不斷生發的言語，或許便是人人生命中最美妙的樂章。

On Scene
15

沉默的現場

語言通向意義，而答案終歸沉默。

—— 維根斯坦

說與不說　如何取捨？

在此，讓我們回想兩千多年前的東方印度，釋迦牟尼有一天在靈山會上，登壇說法，一開始什麼都不說，只是手拿一枝花，而後在全場靜默之中，對著那發出會心微笑的迦葉尊者說道：「吾有正法眼藏，涅槃妙心，實相無相，微妙法門，不立文字，教外別傳，付囑摩呵迦葉。」原來，不說話，其實已經說了話。因為那玄妙的話語已在彼此相視而笑的當下無聲無息地傳播開來；雖不立言立教，但那交付給生活實踐與生命實踐（就是所謂的「心靈操練」或是「生命功夫」）的微妙法門早為我們默默昭示了人間至真、至善、至美的理想；而這一切幾乎全在我們心底，在我們起心動念之間。

在此，且讓我們聽聽那總是以微笑面對世人，在言與不言之間自在過活，也自發地向這世界宣達智慧之語的達賴喇嘛是怎麼「轉念」，來為自己以及世上其他人的人生，開拓出真真實實的快樂之道：

如果一個人能觀照自己的內在本質與生命的真象，就能驅除類似貪欲或憎恨的苦惱，保持心靈的純淨，超脫痛苦。站在佛家的觀點來看，一個人只要能理解生命是苦的道理，反而更能刺激他不斷地修煉，最後將痛苦連根拔除。

生命的修行就在此，而真實的理解與體悟，就在不言無言的觀照裡頭，也同時在言說與意義相互呼應的生活張力之間，持續地進行自我生命的訓練與鍛鍊，正如達賴喇嘛所言：「訓練心智有兩種主要的面向，一個是方法的面向，一個是智慧的面向。」而我們生活的真實竅門不就在如何將方法導向智慧，如何運用智慧來消解方法與技術操作的種種後遺症嗎？

至於莊子，也自有足以和禪宗相互比擬的智慧之道與心地法門，他一句「知者不言，言者不知」，便直截了當地點出所以不言（是不能言，也不必言，不該言）的緣由與奧妙。莊子因此講了一個很有意思、很有趣味的故事：

知往北方遊歷，到了玄水邊，登上隱岔的山丘，恰巧碰到無為謂，知便對無為謂說：「我想請教你一個問題：我們到底要如何思考，才能了解道？我們到底要如何居處、如何行動，才能安於道？我們又到底要由何途徑、用何方法，才能得道？」知如此問了三次，無為謂都沒有回答。其實，無為謂並不是不回答，而是不知道怎麼回答。知得不到解答，就回到白水南邊，登上狐闋之丘，看到了狂屈，於是知便把他問無為謂的三個問題轉問狂屈，狂屈聽了，就答說：「唉！我知道，我告訴你。」但是狂屈卻馬上忘了到底要說什麼。於是，知又得不到答案，最後他來到中央的帝宮，拜見了黃帝，並向黃帝請教這三個問題，黃帝回說：「不思想不考慮，才能了解道；沒有居處，沒有行動，才能安於道；沒有門路，沒有方法，才能得到道。」知於是問黃帝：「看來，我和你知道這道理，而無為謂和狂屈都不知道這道理，那麼到底是知道的對？還是不知道的對？」黃帝於是如此回應：「那無為謂是真正懂得道，了解道；狂屈則已接近道；而我和你其實都不懂得道，不了解道。因為知道的人是不說的，說的人是不知道的，所以聖人要實踐的是『不言之教』。」

其實，如果有機會的話，沒有人不想知道「道」，不想安於「道」，不想得到「道」，不想安安穩穩地行走在人生的道路上。然而，當我們滿懷好奇心以及擁有一股求知的熱情，準備步上那一路蜿蜒向遙遠天際的生活道路，卻依然對自己的未來茫然無知的時候，我們確實需要有人如同那「黃帝」一般地鐵口直斷，而且斷的是我們的心念、言語和那有所求的作為，彷彿高人指點般，幾句話就痛痛快快地斬斷煩惱和妄想。

只不過更高明的是什麼都不說，以及欲言又止、吞吞吐吐者，這兩種人對求知若渴的我們，看起來什麼都沒做，什麼都不回應，但是在「不答」和「忘言」的沉默之中，問答雙方的心思竟像深埋泥土裡的種子，靜靜地吸收著生命的滋養，靜靜地在暗黑的庇護之下，等待新芽破土而出的瞬間。

故莊子言：「知者不言，言者不知」，確實大有警醒惕勵的作用。不過，在現實生活裡，我們卻經常反向操作，甚至背道而行，竟往往「不知而言」或竟「言而自以為知」。其實，知者可以言，也可以不言。「言」是一種自由，「不言」是一種自在，其中還隱隱然透露出自得之樂。至於斷定「言者不知」，乃是因為「道」無比廣大，無比緜長，無比深沉，更無比奧妙。

因此，我們不必一味地嚮往那「玄之又玄」的高遠境界，只要隨時回視我們生活於其中的這個世界。顯然，那「道」在近不在遠，在低不在高，在內不在外，在易不在難，在淺不在深，在小不在大，在暗不在明。而當我們自以為已然「知道」，已在「行道」，已經「得道」的時候，亦正是我們遠離「道」的時候。

如今，道在人心，道在人間，道在人我之間來來往往之際，以及各種身心交感與言行交錯之間；如果用現代的思考與言語的方式來看待「道」，我們可以有如下的想法與作法（本來，所謂「方法」往往就是「道」的實際而有效的作用）：

1. 想想修行人「搬水運柴莫非道」的體悟之言，其中意趣實在值得我們一再反芻。

2. 在追求效益與功利的文明大路上，當技術當道，以及算計之思考全面彌漫的時候，我們該如何和緩自己的用心？該如何減輕所謂的「苦心」？而我們因言語的運用與行動的鋪展，所引來的生活壓力又如何被紓解、被根除？乃是鋪築快樂生活的基石。

如魚得水，如鳥在林，如天上的雲朵流動於朗朗青天之上，每一個人都無法離棄自己生命的原鄉——那生命之泉、那生活之林、那讓我們抬頭仰望的天以及那任由我們踏足前行的地。而泉聲汩汩，林木蒼翠，我們又何必在這天地之間終日喋喋不休？

其實，在大部分的生活場域裡，說話是必要的，也是一種生活的常態；不過，要把話說得體且有效力，可就得花費一些心思，也同時要有一些準備：準備好說什麼，不說什麼，以及到底要用什麼方式和態度來說出心底話。

如今，所謂「說話的藝術」越來越不被重視，而說話的技巧五花八門，各出奇招，特別在這網路盛行的年代，問答和論辯已不再是「紙上談兵」，而是一大堆的句子無來由地輪番上陣，讓我們不僅來不及思考，也來不及把話說清楚講明白。

為了把話說清楚，同時把理講明白，哲學家往往煞費苦心。當代語言哲學的開山祖師維根斯坦（L. J. J. Wittgenstein）發現語言如遊戲一般，必須有規則，否則遊戲便如同打爛仗一般。所幸，維根斯坦相當了解語言作為人類表達情思工具的限度，因此他在言默之間，始終謹言慎行，而要我們牢記：「對那無法言說的，我們只能保持緘默。」看來，專攻言說之理的哲學家同時也深諳沉默的妙義，這可又是一樁弔詭！

此外，沉默也不一定是「金」，因為不說話有時候是辭窮，有時候是心慌，有時候則出於刻意，甚至另有盤算，別有居心。看來，我們在說與不說之間，應留餘地給別人，亦同時還給自己可以自由思考的空間，而讓一顆心不必被無謂的言語所騷擾，也不會被各種行動所擠壓。

當然，我們之所以會被一些蜚短流長的閒言閒語所騷擾，其中原因不難理解。特別在資訊爆量的今天，維根斯坦確定「語言作為人我溝通的工具」的單純想法，竟然變成一種奢望，這可能是我們的哲學家料想不到的。

維根斯坦要我們隨時警覺那些可能會阻礙我們思考的「語言的蠱惑」，更是無時不在，無處不有。看來，語言是雙面刃，任何言說的動作難免會出現反作用力。話多，頂多煩人；言不及義，以至於無端製造「語言的陷阱」，可能是不太道德的事了。此外，維根斯坦亦提醒我們不要落入封閉的理論系統之中，以至於無法真正地說出真話。當然，在探索語言邏輯的同時，維根斯坦最在意的是有關「意義」的哲學問題，他始終認為語言是意義的載具。因此，對那些執著語言只是為了一時一地之用的說話者或作者，維根斯坦仍然心存善意，特別是在他以「沉默以對」的方式，來面對種種的喧嘩與叫囂的時候，他其實也在說話，也在表達，也在溝通。

如今，在已經擁有十足豐富的生活資源，以及相當寬闊的思考與行動的空間之後，我們仍然必須提防種種的社會性誘引與威脅，同時不得不擔心個人身心的境況而可能出現的變數是否會導致生命的病痛——其中，有許許多多所謂的「身心疾病」，甚至是所謂的「文明病」。

因此，在走出「言歸於默」的心理情境之後，我們又當如何來面對充滿言語騷擾與行動障礙的生活現場，如何來為一己身心的療癒與康復，做好充分的準備呢？

On Scene
16

病痛的現場

生病的欲求是盲目的，它的根柢就是意志。

—— 叔本華

文明讓你我　失去內在的自由？

現代科技為我們創造了不少「便利」、生活的好處，卻沒有為我們帶來同樣真實的自由。滿足生活之需，確實需要花巧思，用巧技；現代科技就是巧思和巧技的綜合體。遺憾的是，方便、利益和許多生活的好處竟成了生命的負擔、心靈的累贅，它們也同時為生活的周遭製造了堆積成山的垃圾，而這是讓我們活得不自由，活得不快樂的負面因子。

當然，莊子筆下那個棄世上權位與名利如敝屣的許由，他所追求的自由當真是我們現代人求不來的，但他那揚棄名利與權位的襟懷，卻仍值得我們嚮往。而我們更不能不體認自己如燭火般的小小生命，在此時有風雨的天地之間，到底該如何保全生命？其實不必大費周章，也不需勞師動眾，只要謙卑如那奮力築巢的鷦鷯鳥，單純如那只取一瓢飲的小偃鼠般，過著屬於自己的日子，就讓那廣闊的樹林始終保有千年萬年的靜謐，讓那浩瀚的大河依舊流淌著數不盡的晶瑩水滴。

也許，我們之所以會不自由，只因為我們一直去除不掉底下這三種不易療癒的難言之隱：

1. 欲求不滿（貪）
2. 嫉恨不平（嗔）
3. 迷惘不知（痴）

這就是所謂的「貪嗔痴」，又稱「三毒」。如今我們在身體不適、心裡不安、生活的步調和節奏不協調，而導致生命失去重心，精神難以安頓的種種情境裡，確實該回頭想想：我們所以不滿，究竟為了何事？我們所以不平，究竟為了何人？我們所以會對生活的道理有所不察不解，以至於盲目無知於生命真實的意義，又究竟是何緣故？

根本看來，去除這三毒的解毒之劑就在我們一念之間。事實證明，不自由的人，確實比較容易得一些心理與精神的疾病；唯有真自由才能真健康，真快活，真幸福。縱然，「現代許由」難得見，但努力保有內心真真實實的自由，自足自在於每一個當下而自得其樂，其實並不是什麼天大的難事。

此刻，身為「當代人」、「現代人」的我們，確實該好好地一起反省：我們是不是已經因為「進步」、「發達」、「富裕」而越來越快樂，越來越幸福？是不是已經在假借科技，運用科技，讓科技全面進入我們的生活（包括我們的身心靈一體）的同時，活得越來越自由，越來越自主，越來越自在？

如今，「自由自在」、「自給自足」、「自得其樂」的想望對那些被戲稱「必須擁有一副新鮮的肝，卻總是「爆肝」地工作的科技新貴，以及那些不幸病倒在床上而經年累月地過著「插管人生」的長輩們，竟然越來越遙不可及了。

在忙碌的日子裡，我們經常會聽到這樣的問候：「你累不累？」、「你還有精神嗎？」不管是生理的、心理的或是精神的疲憊，總是教人意興闌珊，對眼前的人事物興趣缺缺；或許，有些人我之間的冷漠由此而來，甚至一些無謂的人際紛擾與衝突也因此釀致。

現代人的身心病痛其療治之道究竟為何？首先，我們必須有如此的自知之明：

真實的自由是我們生命內在生機盎然的體現，不自由則是現代文明病的病根所在；還給每一個人無可替代、無可讓渡、無可剝奪的生活空間與生命權利，恰恰是現代人生活的王道。

我們為什麼會經常落入不自由的生活境況而無法自主地有所作為，有所主張呢？本來，世上哲學家一直擔心：「實際上，我們到底有多大的自由？」然這問題實在難分又難解，只因我們對自己作為人，始終不甚明白其中真真實實的緣由。不過，從小到大，我們總是享受著「能夠做些什麼」的自由，也同時感受到「不能做些什麼」的不自由，兩相比對以至於兩相抵消，那「自由」卻往往勝不過「不自由」。可以說，我們彷彿經常在不自由的情境之中，呼吸著自由般的氣息，因此總覺得自由是那麼難能可貴而必須好好珍惜。

其實，不自由的原因往往是內在的，儘管我們慣性推給外在的人事物。被稱作「悲觀大師」的哲學家——叔本華（Arthur Schopenhauer）似乎相當明白我們因不自由而痛苦的內在原因，他認為我們生命內在深藏的欲求與衝動是盲目的。它們不受理性的控制，而欲求與衝動的根柢就是意志

（will）。意志與外在世界始終對立，甚至為敵，當外界的作用與我們的意志符合時，我們就會有興奮之感與愉悅之情；反之，當我們的身心內外之間相互衝突而難以平和共處之際，我們便會覺得痛苦，覺得悲傷，覺得滿心憂愁而渾身不自在。

當然，文明不必然會為我們帶來病痛。想想，那些被認為不文明、不進步的社會，難免會讓生活在其中的人們病痛纏身，甚至遭遇諸多的不幸與災禍。不過，吊詭的是，如果文明理當是正向發展，而因此富有療治文明人的身家性命的功能的話，那麼我們就可以振振有辭地說：所謂「文明病」，在它的病灶裡或許暗藏一些不文明，甚至反文明的精神因子吧！

就人類歷史進程看來，文明或不文明，進步或不進步，兩者之間其實很難有截然二分的界線。事實上，當今所謂「文明」的社會之中，仍然充斥著不文明（或是不太文明）的情事；在所謂「進步」的生活環境裡，仍到處可見不進步（或是不夠進步）的現象，譬如那些天天在網路世界裡遊走的年輕人，竟有人始終不太懂得交友之道，甚至將自己閉鎖在唯我獨尊的小小天地裡，竟然喪失了「善與人同」的認知與涵養，如荒野孤狼一般，做出無法見容於社會的不文明，甚至反文明的舉動來。

到底該如何確定我們自己究竟有沒有病痛，需養成足以深入了解自己這副身心的本事——也許，傳統中醫所謂的「望、聞、問、切」恰恰可以派上用場。首先，仔細瞧瞧自己的氣色是否有了異狀；接著，嗅嗅自己的體味是否出現不太尋常的變化；再繼續問問自己：「哪裡不舒服？哪裡不對勁？」至於「切」則是一種足以深入身體內部而進行探查與診斷的專業技術。這四者前後有序，一以貫之，一路尋找我們身體病痛的蹤跡。

其實，我們的精神病痛也可經由「望、聞、問、切」的診治過程，逐次地現出原形。如今，有人憂鬱，有人焦躁，有人甚至在歲月輪轉的軌跡裡，慢慢地失憶失智，這些不幸患了心理疾病或精神疾病的人，他們的一舉一動、一言一行，往往有跡可循，有徵兆可觀察。先是自己覺察自己的異狀，接著由專業醫者來做診斷和療治。如果痛者病者仍然清清楚楚地明白自己病痛的根源，那麼上述的診斷與療治自是可行的；只不過對一個逐漸失去自我意識與自我察覺能力的人而言，勢必得仰賴他人的陪同與協助，才可能有機會獲得即時的救治而得以康復。

病痛在所難免，這是常識。不過，哲學、醫學以及所有關心我們個人身心靈健康的宗教家與修行者，幾乎都對「健康」有自己獨到的定義和觀點。譬如發現人類病痛是一大苦而設法予以根除的釋迦牟尼，便百般深入我們的心靈底層，極力進行「去執」的工作；而一切的「執」便是我們思想、意識與情欲不斷地交纏糾結的結果。

試想一個孩子會被視為頑劣之徒，往往是因為他執意去做一些大人期許他不可為的事情。不僅小孩被說是「什麼都不懂」，其實，大人更是心中各有他們的好惡與算計，他們的執念更深，成見更重。眼看時下的孩子只要一機在手，便不吵不鬧，父母在一旁樂得輕鬆自在。這看似一幅充滿天倫之樂的畫面，其實暗藏危機——危機在兩代人的心裡，危機是兩代各有所執，而科技以及連袂而來的種種文明產物正在一旁竊竊私語。

儘管如此，我們也不必因此灰心喪志，既然我們已被科技所包圍，就必須自行振作起來。本來，科技是人文的一環；然而，由於對科技的依賴導致我們漸漸喪失作為科技主人的身分，竟像個奴僕般聽候科技的差遣與宰制。特別在「ＡＩ的智慧」慢慢凌駕於人類腦袋的這個時候，一種奇特而弔詭的人文景觀於是浮出生活的水平線——那些宣稱擁有智慧的人們住在一棟棟「智慧型」大樓裡面，成天享用著「智慧型」的生活用具，他們不正在流失生命自主自由的能力與權利嗎？

總的看來，懂得運用科技，生活自是越來越便利，人們的病痛也會因此逐漸減少。可是，另一方面，在設法避苦求樂的過程中，我們付出痛苦的代價，竟只能換取一些不成比例的快樂。原來，苦樂之間總是相減相除，最後讓人覺得徒勞無功，甚至在本以為可以遠離一切的病痛、苦楚以及種種不幸的生活境遇裡，茫然不知所措。

當然，有病看病，自是常識。只不過我們總是在個人健康的現實與想像裡，縱然覺得不自在、不舒服，也不會因此急著就醫。這其實是自然的反應，因為我們似乎天生就有一種尋求自療自癒之道的天賦，因此自問自答地為自己問診開藥。確實，在醫藥不進步、不發達的年代，有不少人如此老去，終其天年。在此，我們可以如此提問：所謂的「天年」究竟有沒有定數？

原來，天地間的定數與變數本就存在且絡繹而來。意思是說，事實上，我們很難去掌控個人自身與周遭的一切，而我們所擁有的能力以及我們所享有的自由，往往無法成正比地如自己所願。也許，那些高舉文明大旗的「現代人」該對「過去」順服一點，對「未來」謙卑一點，同時對「現在」誠實一點，認真一點。

我們都希望自己無疾無病、無苦無痛；科技文明是快樂的文明、是幸福的文明，是能夠讓人永遠懷抱希望、祈求與祝願的文明。縱然我們的能力有限，我們的自由有時盡，我們還是大有機會，期許自己能做出一些「大事」來，回應自己所提出的問題。

眼前，雖非一片光明，但那黯黑的雲霧仍在遠方飄盪。因此，我們是該好整以暇，好好地來料理這一身，同時好好地安頓這一顆心。在身心之間，恰巧有足夠的空間與距離，讓我們思考、想像，發揮個人獨有的內在自由。至於那一再遊走於身心之間的觀念究竟如何為我們所用，進而鑄造出生命的新篇章，便是縈繞在哲學家胸臆之間的大事因緣。

On Scene
17

身心之間的現場

我思，故我在（Cogito ergo sum）。
—— 笛卡兒

思想　真的會長繭嗎？

聽說，笛卡兒有一次請客人看他餵養在後院的小牛，對客人說：「這就是我全部的藏書！」這話聽來頗有蹊蹺，也有意思。可見，那個時候，我們的哲學家已把書本拋開，熱中於哲學的方法實踐——「觀察」。原來，哲學思考幾乎是哲學家全部生命、全副精神所貫注；笛卡兒更彷彿科學家一般，專注於醫學與生命科學的研究。他後來也確實曾致力於研究雞蛋裡受精卵的發育、人體內部的循環、消化不良、心臟停滯、盜汗以及其他各種身體的癥狀。

看來，除了對心靈的奧祕有著濃厚的興趣外，高倡「心物二元」的笛卡兒仍然對探索肉體，有強烈的好奇心。由此看來，對所謂「二元論」或是「一元論」，不管是一分為二，或是將二合為一，其間都需要運用有效的思考方法，也不能欠缺合理合宜的態度與目的。因此，有些現代哲學家已不再任意地腳踏兩界，不再狂傲地目空一切，而是保有對一切事物的好奇心之餘，謹慎而嚴謹地處理好自己思考的每一步，並同時對自己所運用的觀念與理論究竟能有多大的效力，又可能會遭遇哪些不可預期的變數，抱持謙卑而平和的態度。

如今，在思考能力多方轉折以及思考方法多面發展之後，我們這些「現代人」是否真的有「現代之思考」，對此不得不打上問號。就人類靈肉之間的關聯所蘊含的深沉趣味性而言，我們的思考力便往往在衝撞傳統窠臼之後，竟又誤入「思想的誤區」（其中，有些是邏輯的、概念的，有些則萌發於意識的裡層與心靈的內層），甚至造出前所未見的「思想的硬繭」、「情意的陰井」，甚至是「生命的地牢」，讓自己再次陷入事倍功半，甚至徒勞無功的腦力與心力的活動、勞動、騷動以及盲動之中。

至於該如何使側重思考（特別是邏輯思考）的腦力真正發揮功效，且連結傾向於情意活動的心力，一起來為我們整個人格的養成與塑造，提供源源不絕的生命活泉？這已是現代人在走出柏拉圖寓言的「地牢」之後，竟又自作聰明地造出無數「思想的硬繭」，甚至在開挖出到處可見的「情意的陰井」的同時，不能不面對的生命難題。

上述的當代生命難題至少有兩個面向亟需我們一起來關注，共商解決之道：一個是身心之間的問題，傳統往往將這一類的問題歸入靈肉之間，且一不小心，就踏入神祕主義的境地；另一個問題是人我之間的問題，而這一類問題的解決之道，往往會向社會科學（如社會學、政治學、經濟學）求援。

在此，以法國哲學家翁福雷（Michel Onfray）描述尼采如何在自身的肉體經驗（身體經驗）裡所做出的「生命奮鬥」，來為思想與肉體之間相互牽連的情況，也就是攸關吾人身心之間如何相互呼應而彼此對應的種種境況，做一段十分寫實的哲學報導：

尼采的整個生活都處於這種與肉體的妥協之中。他從最初青少年時期的痛苦，到神經錯亂後的心力交瘁，經歷了肉體所有的變化，這些變化包括產生、形成和展開思想。肉體的任性產生了那些影響性格、表層的直覺，並產生了那些構成人們世界的看法的要素。

《快樂的科學》的精彩篇章，論證了肉體與思維是相關的，並提到，由於肉體複雜而贏弱，或是說，由於肉體被病態的敏感所糾纏，所以肉體更能成為思想的產地。沒有過於敏銳的感覺，便不可能存在思維。

思維是肉體存在的象徵，思想是肉體存在的證明。

（米歇・翁福雷，《享樂的藝術》）

原來，在哲學家生命內在的靈肉之間是如此地緊張，而身心之間又竟如此地充滿著驚嘆號。如今，尼采不再，超人已矣，而我們仍然必須卑微地活在這個世上，我們到底該如何看待自己這一身？又到底該如何料理自身和這世界一切之間的牽扯、糾葛以及種種混亂之局與迷失之情？

也許，此刻我們該破繭而出了，只是那「破」的用心與力道又從何而來？這可能需要整體社會、文化與教育付出長時間的努力才可能有所作為，有所翻轉，有所提升，有所超克的生命事業。

在此，我們不能不坦然涉入「人我之間」複雜、曲折又詭譎的關係裡面。前面提到當代人竟然自己開挖出「情意的陰井」，而自顧自地往裡面跳，這麼做的後果就是人我關係的緊張和裂解——這問題顯然無法只憑藉社會的民主與法治的機制就能夠解決的。

由此看來，我們也許仍需要具備有人文深度的「修身的教養」，來培成獨立自主又良善合群的人格特質，才可能在相互尊重又彼此包容的前提下，建造出眾志成城的公民社會，而此一相互尊重與彼此包容的修養，不就是所謂的「公民素養」？

在這裡，我們就以有著強有力的修身教養傳統的日本人為例，來證明日本所以能夠成為一個特殊的公民社會，事實上和這個文化傳統迄今依然存活且一直發揮效力有著密切關係：

如果我們把社會當作一個個人與群體利益必然產生衝突的舞台，我們會認為提升群體利益就是犧牲個人利益。然而，這卻不是日本人看事情的方式。無論是影響過日本的孔子或佛陀，多數東方思想中，個人和群體之間的衝突是一個虛假的困境（dilemma）。個人利益只能在他對群體的承諾中獲得滿足。這與日本由佛教思想衍生出來的禪學是一致的：個人應該在責任的履行和自律的發展中，完成個人的自我實現；努力的程度應該以達到讓個人足以克服他與群體之善且產生衝突的欲望為止。

（彼得・辛格〔Peter Singer〕，《生命，如何作答？〔*How are we to live*〕》）

而日本人在責任感與自律自持的修為之間，竟同時養成了舉世罕見的謙卑之德；縱然，有人認為日本人在生活日常之中行禮如儀的習慣，只是一種社交的基本動作。此外，日本人也很講究謙虛之德，彼得．辛格則認為謙虛不只是德性，而且也包括商業活動在內的每一個生活領域裡的社交要件。

賽華德和范．詹特（Van Azndt）在日本企業倫理研究報告中表示：

……我們在日本人的低姿勢中看到謙虛，在他們措詞中的尊稱裡聽到謙虛。一個不懂得謙卑自處，不懂得鞠躬、下跪，並且把尊稱掛在嘴上的企業經營者，不可能在日本的商業環境裡有所成就。

（彼得．辛格〔Peter Singer〕，《生命，如何作答？〔*How are we to live*〕》）

顯然，重視人我關係並因而致力於發展公共倫理，以及公共領域的開發與經營，確實是決定一個社會道德水平的關鍵因素。因此，辛格又引海爾（Hare）的觀點，認為道德思考的主要特點是，在我們做價值判斷之前，我們願意站在他人的立場做思考。

由此看來，人我之間彼此交換立場，並且相互體諒，不就是由傳統修身一步一步自我轉化，所形塑出來的民主素養？

若就當代十分嚴峻的道德倫理課題而論，想要設法「破繭」，或是奮力地從自禁自囚的牢獄打開一條活路，顯然都和「人我之間」、「身心之間」這兩個「關係性的哲學命題」有直接的關聯性——「人我之間」往往涉及一般性的倫理議題，而「身心之間」則可能出現一些特殊性的道德問題。就作為當代倫理學的共通平台——「境遇倫理」或「情境倫理」看來，境遇或情境實乃我們道德實踐與倫理行動共在共生的場域，尤其是有關性別倫理、環境倫理與生命倫理的相關議題，以及有關「老後」與「瀕死」的倫理意涵與道德抉擇更值得關注。

解鈴還需繫鈴人，我們唯有回到實際的、個別的，甚至是特殊的生活情境與生命遭遇裡，才可能找到足以療治道德失衡、倫理失常，甚至生命失態因此淪喪於了無生趣以至於落入生命困局的良藥。

看來，我們的身心亟需修復，我們的人格亟需鍛鍊，而所謂的「自我療癒」之道，其實就是自我的修煉、自我的涵養以及自我的陶成與造就。

將理性思考推到高峰的笛卡兒，在設法脫離心物二元、身心二元的理論窠臼同時，他仍然一心一意地努力連結二元的兩端，因此他相信上帝會做工，想像那曾被稱為人類第三隻眼的松果腺（松果體）就彷彿是連接此世與神祕世界的天線。如此的哲學想像出自理性主義者笛卡兒，似乎一方面證明了哲學的有限性，一方面也讓我們不禁熱切期待哲學志業的未來，期待哲學對人生真正有用且有效。

因此，如果說哲學還有一些些用處，而所謂「哲學助人」也並非空談，那麼，我們是該好好來設法開拓一道道生活實踐以至於生命體證的新路向與新境界。

On Scene 18

修煉的現場

人皆知有用之用，而莫知無用之用也。

—— 莊子

哲學　真的能夠助人嗎？

尋常一句「修身養性」，一語道出「做人」（做一個人）主要的功課。而修身與養性其實是一件事，身（人身）與性（人性）也是一體合成，只是長久以來，我們一直受困於「靈肉二分」與「心物二元」的思考習慣與意識形態，因此無法從全人格、全生命與全幅的心靈視野與精神境界來看待自己，認識自己，並探究自己做為一個人真真實實的存在，以及由此而不斷衍生出來的價值、意義、趣味、理想與願景。

根本看來，無論修身，或是養性，自始至終都離不開我們這一顆心。因此，修身實際上主要是在修煉我們這一顆心；養性其實就在涵養我們這一顆心，因為心是我們生命的主宰，也是一切思想言行、一切所作所為的發動者。而心該如修，如何煉，如何好好來涵養來陶成來造就呢？

我們每個人都有一顆心——它不只有血有肉，它還是我們用思想，用觀念，用情感，用道德，用精神，用整個人格、整個生命的內涵鑄造而成。但是，這心卻總是教人難以捉摸，它往往變化不定，甚至高深莫測；而心各有其主，它的活動也各有其特定的範圍與對象。不過，我們雖身為自己這顆心的主人，卻時時要和它玩捉迷藏。難怪連那些修行者也不得不盡力地做好和這顆心相互關聯的生命功課。在此，我們就來聽聽千年前中國禪宗初祖慧可和印度的達摩祖師之間，這一段蘊含著玄機妙趣的對話：

慧可：「師父，我老是覺得心不安！」

達摩：「你把你的心拿來，我幫你安！」

慧可：「我怎麼找都找不到我的心呀！」

達摩：「我已經幫你把心安好了！」

看來，心到底該怎麼安，早已是我們人生基本的課題。慧可所求的便是「安心法門」，也就是修心也修身的入路與竅門，但達摩卻來個「直指人心」，教慧可自己先把心找出來，甚至要慧可在「覓心了不可得」的當下，體悟「心」不是別人能幫忙找到的，甚至也不是自己做為心的主人可以一味地使喚，一味地差遣。原來，在找與不找、在有所求與無所求之間，如何打開心門，拓開心路，最終跳脫出主客二分的夾縫，這始終必須我們自力更生，自力救濟，且絕不假他人之手。

在此，我們就暫時把眼光望向西方，看看西方人到底是怎麼看待「心」的——，基本上，自古希臘以來，西方哲學家大多把「心」等同於「腦」，因此心的功能主要是理性思考的作用，由此一來，西方哲學家總高倡「理性至上」，而認為運用智性思考與邏輯思考來做人做事，就是生活的王道，於是西方哲學始終在此一智性為主脈的文化裡浮浮沉沉。

不過，在理性與感性、智性與德性，以及思考方法與心靈意向之間種種二元對立的框架與格局之中，仍然有哲學家解開觀念的束縛，並同時拋落理論的包袱，而勇敢（甚至帶有幾分悲劇性格）向哲學與人生相接相連處，做出自我的挑戰與自我的探索，從自我肯定走向自我否定，再由否定自我輾轉地回歸自我，而終還原自我真實之面目。

由此看來，肯定與否定恍如鳥之雙翼同時鼓風而行；所謂「回歸」與「還原」則像是鑿井之所以能由淺而深，端靠那鑽探之動作螺旋直下，始終不離主軸地向那地底前進。在此，我們就以斯多葛學派的哲學家撒內卡的真理觀為例，說明自出生便心腦共治的我們，其實始終都不能一味地沉緬於理性思考所編就的抽象世界之中，而理當隨時回到自身生活的現實世界裡，好好調理自己這顆心，好好處置自己這一身——這就是哲學的「實踐」與「應用」，而身心安頓之道就蘊藏在其中：

「斯多葛學派」的古羅馬哲學家撒內卡，不但認為「追求唯一真理」的人生態度是錯誤的，也直接指出追求高遠而偏離人生的理想是一種非常不實際的作法。許多「真理」發生在我們生活環境的四周，而且是一般人生活所依靠的基礎。但是，口口聲聲追求「真理」的哲學家卻因為抽象理論以及高遠的思維方式，反而使得他們往往在不自覺的情況之下，完全忽略了生活的重心，而以「假設的真理」為「真正的真理」。非但如此，類似的哲學態度也導致許多自以為從事高深思維的人，因著苦苦追求而不能獲得「真理」的挫折心理，產生所謂的「憂鬱」現象。事實上，這何嘗是哲學家所單獨面對的問題，也是一般大眾所面對的問題不是嗎？不但古代如此，當代亦然。

（苑舉正，〈哲學與心靈治療〉）

思路會堵塞不通，心更可能擾嚷不安，而憂鬱所以成病，煩躁所以釀禍，也就不在意料之外。不過，只要不為自己的心打上解不開的死結，我們可以自信地說：「天底下沒有打不開的鎖，只因為鎖本就是用來讓人打開的」。如今，生命之鑰就掌握在各自上鎖且各有密碼的每一個人手裡，就看我們怎麼找到那隱藏著的生命內在的經脈與孔竅。

直白一句「對症下藥」，說得痛快，但誰又真正了解自己得的到底是什麼病？特效之藥又到底該怎麼調配？怎麼服用？其中奧妙，不是光說不練就可以明白的。除非我們在自己的生命與生活之間，不斷地運用「思想的探針」來偵測自己生命的底蘊，也同時在生活世界裡不斷地做種種如同醫界的臨床試驗；否則，我們都可能是「思想的君王」卻也同時是「生活的奴隸」，因此無端浪費了神奇的腦袋，也同時荒廢了奧妙無比的心。

如果我們自己可以身兼病人和醫生，可以自己治自己的病（心病），可以自己把自己的脈（心脈），來為自己開藥（心藥），那麼，如何對症下藥就需要我們有真學問、真智慧、真人格。

底下有關古希臘哲學家德謨克利圖斯和當時著名的醫學家希伯克拉特之間的故事，一方面可以為「心腦合一」或「心腦相應」做例證；另一方面，可以說明「對症下藥」並無法全然一廂情願地只做單向之思考與行動，有關「疾病」與「藥物」的定義更是不一而足：

當阿德拉（Abdera，位於現希臘與土耳其中間的島）地區的人，認為他們最偉大的公民，哲學家德謨克利圖斯（Democritus，西元前四六〇至西元前三七〇或西元前三五六）發瘋了，於是立即請到名醫希氏來治療這一位在古希臘哲學史中，以提出「原子論」著名的哲學家。希氏去了，也在出發之前做好使用「嚏根草」的準備，但基於專業的判斷，希氏先要求與病人對話。當他在花園中看到正在準備「解剖學研究」的德氏時，他們聊了起來。他們在一起談到了「物理學」、「哲學」以及各式各樣的學問之後，聊天的結果令希氏完全相信，德氏非但是一位健康的人，更是一位飽學之士。並隨即做出判斷，認為他不但不瘋，瘋的反而是那些認為德氏瘋的人。換言之，是一般大眾需要被治療，而不是這位偉大的哲學家需要被治療。

（苑舉正，〈哲學與心靈治療〉）

對應於此一涉及哲學實踐以至於「哲學助人」的古典思維，在東方哲學的壤土裡亦早培植出一朵奇葩——中國道家思想。道家所提倡的身心安頓之道，值得我們用心思考並全心奉行。在這裡，我們以莊子為例，運用他妙筆生花的故事，來說明哲學不只在書齋，不只靠言說與文字；若我們想要安頓此身此心，更不能假借他人之力，更不能「急病亂投醫」，或是藉助什麼仙丹妙藥。

桓公在堂上讀書，輪扁放下工具走上去問桓公：「敢問您讀的書裡面記載的是什麼人說的話？」

桓公說：「是古代聖人說的話呀！」

輪扁說：「聖人還在嗎？」

桓公說：「聖人已經死了。」

輪扁說：「那麼，您讀的恐怕只是古人的糟粕吧！」

桓公說：「寡人讀書，你這砍輪的怎麼胡亂批評。你得說個道理，若說不出理由來，我可要砍你的頭。」

輪扁於是說：「就用我做的事來打比方吧！我這砍輪的技藝，若出手太慢，木頭就會因鬆滑而不堅固，如果出手太快，木質就會顯得滯澀而難以嵌入。因此，要不快不慢，不急不徐，得乎心而應乎手，我的動作便自然和我的心意相應合——這是嘴巴說不出來的道理，它的奧妙自在我心中，我卻無法將這道理告訴我的兒子，我的兒子因此無法傳承我這巧妙的手藝，因此我今年已經七十歲了，還得從事砍輪的工作。您想想：古代的人死了，他們那無法傳承下來的智慧也都已消失不見。由此看來，國君您所讀的書，不就只是古人所遺留下來的糟粕。

（《莊子．天地》）

其實，讀書不難；要想讀懂一本書的內容，除了必備的專業訓練之外，更得準備好一種心情、一種態度、一種眼光、一種想像，以及一種具有反省力與批判力的思考。原來，要讀懂書，先要讀懂人，讀懂心靈，讀懂人性，讀懂生命。因此，真正能讀書的人，其實是以讀書養身，更以讀書養心，而不只為了吞食那成堆的資訊和知識——莊子說「得意忘言」，禪宗矢志破「文字障」，道理就在此吧！

聽說，有位全心奉行「不立文字，教外別傳」古訓的禪師曾這麼說：「那些經書，不過是用來擦亮我們眼睛的！」這話說得乾脆，說得直率，卻也同時說出我們做為自己生命的主人所不能無端推卸的責任——看什麼，都是我們自己在看；聽什麼，都是我們自己在聽；感覺如何，也都是我們自己的感覺；做了什麼事（不管好壞事），更都是我們自己做的，自己用心用力，因此一切後果得自己全盤負責。

我們話說到這裡，也只是點出了主題「哲學實踐」的大前提：「所有的哲學思考都必須在與它相關相應相交涉的言語與作為之中，不斷地接受查驗，接受檢驗」，不過，要有這樣的自覺、這樣的自知之明，也不是一件容易的事，而有了這樣的覺悟，這樣明明白白的自我洞察，我們的哲學實踐便大有可能向著身心安頓的生命道路前進。

如此一來，我們要老老實實地修心、安身以至於立身、立命，便不必高人指點，不必經典作證，也不必央請神明護持。看來，一切全靠自己，全仰仗自己的思考與決斷；所有的理由和藉口，把它們當作食物一般，讓它們入口即化，變成生命的滋養；也同時讓一切的條件和資源，作為鍛鍊我們這一身的健身器材，用完了就擺著，既然擺了出來，我們又何妨多多利用它們——千萬別讓自己自身被利用、被差遣、被無端糟蹋了。

當然在西方文化裡，仍然有不少「安心」的妙法，有許多「安身立命」的修行者在古修院，在窮鄉，在僻壤，在野村，在荒郊，在陋巷暗弄裡，獨自炮製著獨家之祕方，也一心一意地陪伴自己，善了這永不再來的此生此世。對此，我們可以中世紀天主教的聖方濟樂在自然作例子，讓他和莊子東西交映，兩道心靈之光交會於黯黑的天際，同時投影於大地之上——在林裡，在花間，在溪畔，在山巔，在各自盤桓的大自然中，而終交織成一道道光采，一面面美景。原來，光明就隱身在黯黑裡，而靜寂與喧囂共存共在。原來，生有道，病有理，任何一種疾病都有其自療、自治、自癒之道。

別人說一句「放下吧！」，我們可以讓它輕飄飄地隨風而逝，也可以讓它沉澱於心底，發揮它真正的療效。現象學家手持的利器——「存而不論」，可以是一種哲學的方法、思考的門道，更可以是擱置我們心頭懸念的好本領，還原我們生命真相的好身手，就看我們怎麼運用它，怎麼發揮它奇妙的效力。

我們可以真正地完全放下，並對這一生「存而不論」，只問「真相」，只關切「意義」的時候，應該就是我們生命即將結束之際。因此，所謂的「終生大事」應該就是我們每一個人即將離開這個人世間的時候，所必須做好的準備。

On Scene 19

臨終的現場

人是向死的存在者。

—— 海德格

死是生的終點嗎？

有生就有死，這是自然的鐵律，任誰都無法違逆。然而，我們既已活在這世上，似乎就得像棋盤上那過河的卒子，只能拼命向前。孔子說：「不知生，焉知死？」其實有他積極的意思：「是惟有通過對生命的探究，我們才可能真正了解死亡。」蘇格拉底告訴他的學生：「你們來和我學習哲學，目的就是來一起學習面對死亡。」海德格強調，我們人的存在即是「面向死亡的存在」，自有他深沉奧妙的哲學意涵。

所謂「生死兩茫茫」，指的是生死之間存在著無可預知、無法測度、無可逆轉的距離與過程。不過，生死之間也不必然存在無法突破的阻隔與障礙；特別是在宗教信仰的引領之下，我們的的確確有機會在生死對峙、陰陽永隔的暗黑之中，尋覓到些許光亮，恰如下述之言：「我教『生死學』時慣稱「死亡」是人的第二生，大家應隨第二生者（亡者）一起大喜大樂。」（陸達誠）原來，「愛生惡死」只是我們站在生的立場上，對死亡有了誤解，因而引來的錯誤與偏見。

老子云：「出生入死」，簡簡單單四個字，卻已洞見生死之間自自然然的真相，因此充滿著清清明明的生死智慧。生生死死，死死生生，實乃自然之歷程，而此一自然之歷程亦即自然之道，老子之所以高唱「人法地，地法天，天法道，道法自然」，理由不外乎此。

莊子一樣運用自然之道（即所謂「天理」），來設法超越生死之間的障礙，消除「愛生惡死」的迷思與錯謬。事實上，我們幾乎都無法迴避這「遁天之刑」——而這其實是自作自受，自取其辱，自討苦吃，甚至是自取滅亡。然而，話雖說得如此沉重，如此直率，一旦死亡臨頭，又有誰能徹徹底底地無動於衷呢？

看來，莊子的意思應該是：我們要死得清清白白，簡簡單單，自自在在。因為「死亡」這一回事，完完全全是一個人的事，而且是自自然然的事，最好不要連累任何人，牽動任何人，這道理一點也不難懂，只是人之常情難以割捨，人與人之間的來來往往更是一直無法停歇。

由此看來，為某人之死而悲而哭，其所吐露的真切之情可以不必太過壓抑，但莊子認為所謂的「至人」或「真人」，他的道行與修行理當讓自己可以超越人情世故，超越人為造作，而最終返回天地自然的懷抱，視一切的生生死死，死死生生，恰好是自自然然的尋常之事。

然而，生死關頭一般人很難保持鎮靜與冷靜，在「死別」之後，死亡所發揮的震懾之力道幾乎全部落在生者身上，特別是那些和過往之人有著密切關係的生者；此時，莊子的至理之言：「安時而處順，哀樂不能入。」

生是時，死是順，生死乃自然之事，這不就是真真實實的「生死教育」？

從來，對世人而言，很多事情雖然「合理」卻不一定「合情」，且縱然「合情」也不必然「合理」。至於所謂「合乎情理」，也得看看究竟是合乎什麼「情」，什麼「理」——莊子認為我們的「生」，是應時而生；我們的「死」，則是順理而返；生死之理乃自然之理，「生死」只在來去之間。因此，我們對應生與死的「情」便該是從從容容、和和緩緩、平平靜靜。如此含蓄且深沉厚重的情，並不是大哭一場或是哀傷逾恆的情緒反應所能全然傳達的。

原來，在莊子眼裡，生和死都是一件好事，一件十分自然的事。或者我們也可這麼說，既然「生老病死」是天地間任何生命個體所必經的自自然然的過程，那麼我們就必須平平靜靜、穩穩當當地接受「生老病死」這實實在在且明明白白的生命變化，而不能對它們有好有惡，有愛有憎，有不合實情的價值判斷——本來，「愛生惡死」乃人之常情，只是這「常情」

往往在「無常」的人間，反反覆覆地釀致事端，或讓我們在好惡與愛憎的情緒之間來來去去，失去耐性與定性，而無法看清真相，無法參透生死之間真真實實的信息。

當然，我們再怎麼思怎麼想，怎麼說怎麼做，甚至怎麼修行怎麼練功，只要我們這一身仍在，並且一息尚存，我們仍是一介凡夫，滿腦子妄想，一肚子情緒。面對此一生命困局，心理師自有辦法予以克制，宗教師也自有他們度人的種種奇妙法門。雖然莊子不是心理師，也不是宗教師，但他卻別有見地，另行在人和天地相互連結的種種關係裡，發現我們這身軀是那麼平凡，那麼單純，那麼實際給我們直接了當且有無比力道的「生命教訓」——教訓我們要順服天地，要體貼自然，要以柔軟無比的心，接受天地自然的安排，不能對抗，不可拒絕，也不必問：「為什麼我會衰老？」、「為什麼我會有病？」、「為什麼我不得不死？」這一連串不可能有真正解答的問題。

既認定生和死都不是壞事，莊子更直白地來這麼一句：「以死生為一條」，意思是死和生其實是一回事，因為它們都屬於天地造化，都是一氣之所化，也分別在「道」中獲得同樣明確的位置。不過，如果我們硬是做底下的二分：「生」是「存在」，「死」是「不存在」；那麼，由「存在」到「不存在」，也就等於從「有」變「無」，就需要我們準備好一種心情、一種態度、一種眼光，以及一種慷慨的胸懷，來接受一生就這麼一次的大改變。當然，如果我們相信死後有來生等著你我，我們的心情和態度應該會比較篤定，比較鎮靜；如果我們學莊子的曠達，如他一般灑脫，那麼縱然這一生最後完全化入自然，也將毫無牽掛且了無遺憾，我們甚至可以透過高明的眼光和寬大的胸懷來看待這一生中僅有的一件大事——它理當是莊重而嚴肅的，也應該是可以完全被接納的。

或許，只是因為我們總以為自己存活於這個世上，必須擁有些什麼，所以「死亡」儼然是一種破壞、一種失落、一種否定，甚至是一種毀滅、一種教人望而生畏的空洞和暗黑。原來，是那包容一切的「道」讓我們生，讓我們死，它如同隨時可以兌現的即期支票，由我們自己開出，也由我們自己收回，根本不必簽名或用印。

此外，佛教對生死的奧祕，也自有其深具智慧性與神祕性的理解與體悟：

死亡是個大迷霧，但有兩件事情是可以確定的：其一，我們總有一天一定會死；其次，我們不知何時或如何死。因此，我們唯一可以確定的是不知道何時會死，而我們就把它當作藉口，延遲對死亡的正視。我們就像小孩玩捉迷藏一樣，蒙住眼睛以為別人看不到我們。

接近死亡，可以帶來真正的覺醒和生命觀的改變。譬如說，瀕死經驗最重要的預示是：它徹底改變了曾有瀕死經驗者的生命。研究者注意到其影響和改變相當大：對於死亡的恐懼降低，也比較能接受死亡；增加對別人的關懷，更加肯定愛的重要性；追求物質的興趣減低，更加相信生命的精神層面和精神意義。

反省死亡，是為了在你的內心深處做一番真正的改變，並開始學習如何避免「人行道上的洞」和如何「走上另一條街」。通常這需要一段避靜和深觀的時間，唯有如此，才能真正睜開眼睛，認清我們如何對待生命。

觀察死亡，並不見得就是恐怖或病態的事。當你真正受到啟發，放鬆、舒適地躺在床上，或在假日欣賞悅耳的音樂時，為什麼不對死亡做一番反省呢？

（《西藏生死書》）

如此接近死亡，反省死亡，觀察死亡，是一種生死智慧。然而，活在此生此世的我們，仍然必須在此生此世好好地活著，認真地活著，而且也要隨時隨地注意死亡的腳步是否越來越接近我們：

如果死亡只出現一次，我們可能沒有機會好好地認識它。但幸運的是，生命就是生死共舞，無常律動。每當我聽到山溪奔騰、浪濤拍岸，或自己的心跳聲，宛如聽到無常的聲音。這些改變，這些小死亡，都是我活生生地和死亡接觸。它們都是死亡的脈搏、死亡的心跳，催促我們放下一切的執著。

觀照無常本身還不夠，你必須在生活中履踐，如同醫學研究必須兼顧理論與實務，生活也是如此。生活中的實際訓練就在此時此地，就在「無常」的實驗室中。改變發生的時候，我們學習以一種新的智慧來看待它們。

（《西藏生死書》）

原來，生命的脈搏竟也是死亡的脈搏。而在所謂「無常」的實驗室裡，我們並無法單憑理論去尋覓生命的真相，因為我們都是實驗者，也是被實驗者。因此，如何根除死亡的恐懼，如何創造生命的快樂，便成為我們必須具備的生活操練：

密勒日巴寫道：在死亡的恐懼中，我辛苦地爬上了山——再三思索著死亡時刻的不可逆料，我攻占了不死、恆常的心性之城堡。如今，對於死亡的一切恐懼都已經過去了。

生和死就在心中，不在別處，這種教法至今仍具有革命性的佛教智慧。佛教認為心是一切經驗的基礎，它創造了快樂，也創造了痛苦；創造了生，也創造了死。

佛教的一切教法和訓練，都只針對一個目標：往內看心性，因而擺脫死亡的恐懼，幫助我們體悟生命的真相。

（《西藏生死書》）

除了以超越死亡解脫之道的佛法如此直接地面對死亡的挑戰與威脅之外，重視生命勝過死亡的儒家也自有其生死觀，以及如何在死生之間安身立命的基本信念與理念。在此，我們就以具有代表性的當代儒者唐君毅的觀點為例，看看標榜「人生之體驗」的哲學家是怎麼看待「死亡」的：

人死了，究竟其精神是否即莫有？如有，到何處去？此是古往今來，無論野蠻民族文明民族，無論智、愚、賢、不肖，同有之一疑問。此疑問不只是理智的，兼是情感的，不能只向現實世界求解答，且當向超現實世界求解答。這是人類一切宗教的根源所在。

但是我們在將自由的想像思慮推測，及由啟示來的信仰之門一起關閉，以求解決此問題的時候；我們卻可說，人對於人生之真了解，與對死者之真情實感，展露出一條由生之世界通到死之世界、由現實世界通到超現實世界，由生的光明通到死之黑暗的大路，此之謂通幽明的大路。依此對人生之真了解，我們不能說，人死後即無復餘。

人死之後，非一無復餘，人之鬼神為必有，人皆可內證而自明。世間焉有本以身體之趨於不存在，以成其為存在之「精神」，本不限於其現實生命存在之「精神」，乃隨其身體與現實生命之不呈於人前，而即不存在乎？知其存在，而欲使之呈於人前，則唯賴人之通幽明以其道。不得其道，而謂其不存在，亦如囚於監獄中之人，不得其門而出，遂謂廣宇悠宙皆不存在之類耳。然此道亦無他，即直下斷絕一切世俗之思慮推測與想像，唯以吾之超越吾個人之誠敬之心與深情厚意，以與死者之精神直求相接而已。心誠求之，誠則靈矣。

（唐君毅，《人生之體驗續編》）

簡言之，佛教的終極目的在「了生脫死」，講究的是解脫之道；儒家重視的是人間教化，強調人我共通以至於天人之間的相契相應。因此，道德修養的目的在成聖成賢，在成德成人，立己立人以至於頂天立地之道。

此外，老子一句「出生入死」講得十分通透，十分暢快。對老子哲學相當激賞的海德格（Martin Heidegger）在高唱「此在」（Dasein）的同時，也如同老子一般，明明白白地來這麼一句——「人是向死的存在者」。確實，說死是生的終點，就人生可知的面向看來，一點也沒錯。不過，哲學家就算沒有所謂的佛眼、法眼或道眼，至少要有慧眼。哲學家海德格便有一雙炯炯發光的智慧之眼，特別從西方哲學的知識傳統看來，海德格顯然在超然傳統存有論的意理水平之上，發現死亡不可知、不可解以及不可思議的無窮奧祕。

On Scene
20

不可知的現場

真正熱愛知識的人，
天生就是奮力追求事物的本質。
—— 柏拉圖

如何看待瀕臨死亡？

本來，生死之間彷彿高高矗立著一座高牆，把我們的目光幾乎全然擋在此岸，而彼岸終究茫茫不可知，除非我們已越過高牆，而自在逍遙如飛鳥般。不過，我們仍然可以經由個人的生命體悟，開發出生死智慧，來參透生死的奧祕。

活到一百零五歲的名作家楊絳顯然已看透人生，且已通過生死之間的幽暗，見到意義、價值與信仰的光亮：

蘇格拉底到死很從容，而耶穌基督卻是承受了血肉之軀所能承受的最大痛苦。他不能再忍受了，才大叫一聲，氣絕身亡。我讀《聖經》到這一句，曾想，他大叫一聲的時候，是否失去了信心？但我立即明白，大叫一聲是表示他已忍無可忍了，他也隨即氣絕身亡。為什麼他是救世主呢？並不是因為他能變戲法似的把水變成酒，把一塊麵包變成無數麵包，也並不因為他能治病救人，而是因為他證實了人是多麼了不起，多麼偉大，雖然是血肉之軀，卻能為了信仰承受這麼大的痛苦。他證實了人生是有意義的，有價值的。耶穌基督是最偉大的人，百分之百的克制了肉體。他也立即由人而成神了。

（楊絳，《走到人生邊上——自問自答》）

當死亡已經在門邊窺伺的時候，陪伴瀕死者而讓他安詳自在地走完人生的最後一程，是該有足夠而適度的臨終關懷，以及由生死智慧生發出的態度與涵養：

生命最重要的事情，就是與別人建立無憂無慮且真心的溝通，其中又以與臨終者的溝通最為重要。

臨終者常常會感到拘謹和不安，當你第一次探視他時，他不知道你的用意何在。因此，探視臨終者請儘量保持自然輕鬆，泰然自若。臨終者常常說不出他們心裡真正的意思，親近他們的人也常常不知道該說什麼或做些什麼，也很難發現他想說什麼，甚至隱藏些什麼。有時候連他們自己也不知道。因此，要緊的是，用最簡單而自然的方式來緩和任何緊張的氣氛。

不僅是臨終者本人，還有他的家人，都應該學習如何放下。臨終關懷運動的一項成就是：幫助全家人面對悲痛和對於未來的不安全感。有些家庭拒絕讓他們親愛的人離開，認為這麼做是一種背叛的行為，或是一種不愛他們的象徵。龍雅葛勸這些家人，想像他們是在臨終者的位置上：「想像你就站在一艘即將啟航的郵輪甲板上。回頭看岸上，發現你所有的親友都在向你揮手再見；船已經離岸了，你除了離開之外，別無選擇。你希望你親愛的人如何向你說再見呢？在你的旅程中，怎樣才能對你的幫助最大呢？」

（《西藏生死書》）

讓我們再來看看十分講究「生死學」的日本人，是如何看待瀕臨死亡的現實，而由此培養出關照之情與睿智之心：

無論如何，從本人自覺到死的時候，要怎樣去接受？還有家人要怎樣去關照？這樣的問題與醫療和宗教都有關係。

我覺得當病患清楚地意識到自己瀕臨死亡以後，醫療就已經沒有應該扮演的角色。甚至可以說，從那時候起，醫師便超越醫療，以一個普通人的身分，來和病患建立心靈交通的關係。

病患感覺到自己將死，而把這種死亡的感覺告訴周圍的人，醫師也接受了她這種感覺。藉著這個事實，她再一次向家人和朋友一個一個地告別，還說：「我們在天堂重逢吧！」周圍的人也很自然地接受了。最後她拜託我說：「大夫，我累了，讓我熟睡好嗎？」我就利用藥物如她所願。第二天，她就死了。如果那個時候我說假話，繼續鼓勵她活下去的話，或許她在人生的最後一瞬間，就不能把重要的心意傳達給家人和朋友了。

現在美國的癌症末期患者，有三分之一是以接受安寧照顧來迎接死亡的。話雖然這麼說，也不是意謂所有的人以後都應該死在安寧照顧的醫院；要怎樣迎接自己的死亡，基本上問題在於本人的意思。日本以後的做法，並非只有安寧照顧才是解決之道，重要的是讓病人可以自由選擇。由家人照顧臨終的話，藉著開始考慮自己死的時候要怎樣安排比較好等事情，迎接更充實的人生最後階段。

（永　六輔，《大往生》）

在如此充滿意趣的古今對比、東西交映的生死智慧引領之下，其實我們已經有了足夠的資源，來培塑出有本有源、有理有據、有體有用，又有效力的關懷之心與療癒之道。宗教便是蘊藏此一生死智慧與生命療癒之道的寶庫。

首先，從社會演進、心靈發揚與精神遞升等層面看來，人類的宗教史幾乎與人類的文明史同步而行；宗教作為一種社會現象、心靈表徵與精神活動，其所顯豁的意義、價值與理想，更值得吾人關注。因此，在科技昌明、知識爆發以及思潮持續激盪的現代世界中，如何一再地審視宗教盤桓於此時此刻，又如何一再地檢查信仰之孕育於此身此在，實乃吾人此生此世不容卸除的負擔，而這其實也是我們作為一個人所擁有的極其難得的權利與機會。確實，宗教一直與文化共在，而信仰往往與生命同工同酬——「工」指的是無止盡的努力與修持，「酬」則意謂那無可量度的成就與果報。

哲學既然以理性思考為核心，則理性思考自有其律則，自有其規範，自有其路徑，也自有其一定的限度與範圍。因此，在能知、已知與未知之間，哲學家總是小心翼翼，戒慎恐懼地行走在這人世上——說明白一點，就是走在屬人的道路上，且不斷地告誡自己：千萬不能走偏了或走遠了。

面對一切的未知、不可知，以及仍然有待我們繼續探索的無盡未來，我們不得不低下頭來沉思、默禱，或祈求，甚至匍伏在地，卑躬屈膝，放下自己心裡的成見與偏執，棄絕自以為是以至於自滿自大的傲慢與狂妄，而謙卑地向那無比崇高、無限廣大、無可比擬的偉大、卓越、超然、奧妙而神聖無比的世界，投注我們全心的嚮往、真心的祝願，以及滿懷虔敬與讚嘆之情的膜拜與獻禮。因此，當我們聽到世上基督徒如此大聲呼求：「耶和華啊！求祢醫治我，我便痊癒，拯救我，我便得救；因祢是我所讚美的。」（《聖經．耶利米書》）理當會有所動容，而被那敬虔的信仰與熱烈的心情所感動。

如果我們從哲學思考的角度來探究宗教信仰的內容與意義，這自是以一種接近於人文主義的思考角度，來面對我們尚未全然洞悉的所有奧祕，以試圖理解人類的神聖經驗，以及種種神祕經驗（或稱之為「密契經驗」）所指向的神聖世界（或稱之為「神祕世界」）可能給予我們的意義與啟示。

人如何讓信仰始終能夠在理性的光亮中被照明，而清楚地看見自己信仰前行的道路，應該是哲學可以提供給宗教的一點助力吧！在此我們可以繼續地提問：

1. 我們如何經由信仰，以及因信仰而從事的身心靈一體的修行與鍛鍊，來真正地超克死亡？
2. 我們如何能真正理解「超越」與「神聖」，對我們作為一個活在世上的人的真實意義？
3. 我們如何能夠在體認這有限生命的美好同時，又能夠真正嚮往無限美好的「他界」？

顯然，諸多存在的奧祕與生命的底蘊，仍然值得那些一味地「談玄論道」的哲學家持續地追究下去。

同時，虔誠的信仰確實可以為我們帶來不同於世俗之樂的生命至樂，由此看來，在信仰指引我們決志前行的道路上，我們顯然只能鼓起勇氣向前，向那不再有苦痛、災難、紛爭、動亂與禍殃的彼岸，終究不再回頭。

因此，在崇拜、祭祀與祝禱的種種宗教作為之中，我們必須隨時隨地回到信仰的核心，一再地接受「神聖經驗」的洗禮，而終不為靈異之經歷以及奇幻的超自然現象所迷惑。

如果我們這一生始終缺乏信仰的力道，甚至少了自我超拔的方法，那麼我們這一生便可能如陀螺般，逐漸地失去自我的重心，而終劃下充滿悔意與憾意的休止符。看來，哲學的理性思考可以讓我們擁有真正的自知之明，而不至於自輕自貶。宗教的信仰歷程則可以讓我們不至於不自量力，狂妄自大。在此，且細聽達賴喇嘛如此充滿智慧與趣味的一段話：「只要你的腳還在地上，就不要把自己看得太輕；只要你還活在地球上，就別把自己看得太大。」

原來，我們這一生自有它的分寸與尺度，也自有它的幅度與步距。當身在擁擠的人群之中，我們還是得抬頭仰望，只因神明在上，示現多端，我們又如何能不善自警醒，而各自惕勵於此一多災多難、多紛擾的世途之上？

不過，哲學家始終樂在他個人的思考與心靈的諸多現場，只因他們在理性與信仰之間找到了平衡的槓桿。例如相信靈魂存在的柏拉圖，一生幾乎都在尋找讓靈魂解開枷鎖的方法——就是「愛智」，而「愛智」就是此生此世的解脫之道與超拔之路。

其實，「愛智」的深層意義相當接近於「樂道」的底蘊，因為柏拉圖所嚮往的「理型」（Idea）並不存在於我們這一身所住居的世界。「理型」（或譯為「觀念」、「共相」）乃一具完美屬性之存在，它和存在於這世上的一切之物，恰恰成對比——「理型」之存在完美無瑕，而世上一切物之存在都是有限之存在，當然也都是不完美而有著缺陷的存在。

然而，由於柏拉圖相信我們的生命乃是靈肉合為一之體，只是靈魂始終被肉體所拘禁，直到我們離開這世界為止。因此，我們這一生便無法享有十足而真實的自由。對此，柏拉圖儼然感同身受，甚至有著刻骨銘心之感。於是他創造了著名的「洞穴」寓言：那些被鐵鍊綑綁在暗黑洞穴中的人，睜眼只見洞裡火炬照映下的影子，全然看不見太陽底下真真實實的東西。我們不就是那些同時失去人身自由與心靈自由（包括感性的自由、智性的自由、理性的自由與德性的自由）的囚徒？而太陽就是理型的典範，就是真理的根底，就是智慧的源頭。除非我們進入理型、真理與智慧三合一的光亮裡，我們是不可能真正獲得解脫，因此獲得真實的自由。

由此看來，一心嚮往理型，追尋真理，而因此熱愛知識，實乃真真實實的生命解脫之路與自我超越之道。柏拉圖於是藉蘇格拉底之口，如此斷言：「真正熱愛知識的人，天性就是奮力追尋事物的本質，不會滿足只停留在許多可見的事物上，而是勇往直前，絕不停頓或停止這份熱愛，除非他抓住每件事物的本質。」（柏拉圖《理想國》）如此智性的努力以及心靈的活動，其實已然在可見可知和不可見、不可知之間，鋪築開了可以通行無阻的網際網路；也同時為我們準備了一些解碼解鎖的關鍵字，並對愛智之人如此樂觀期待：「在與真理接近和交融的過程中，他也會因此獲得智慧和真實，然後他才能真正地認識、真正地活著」。我們甚至可以這麼說：「唯有一心破除假象以獲得真知，我們才可能真正地活著，而活出真生命」。原來，「可知」而已知，乃祖宗之餘蔭；「不可知」而尚未知，則是上天的恩賜，恰恰值得我們滿心期待。

縱然理型世界始終不可知，也無法一蹴可就，但是，如果我們能夠常保愛智之情與樂道之心，來面向那看似遙不可及的世界，我們至少可以展現生命超拔之姿，亦可不斷地自我惕勵，自我奮進，自我提升。如此，我們便仍然大有機會步步邁向那不可知、不可求的美麗願景，而輕叩那一扇扇深鎖的大門。

顯然，由嚮往、追求，到崇拜與皈依，已然有了信仰的力道，也有了離世出世的況味。不過，站在愛智的哲學立場以及樂道的修養路徑上，我們其實無需急急縱身躍入那充滿神祕氣息的「他界」，只要謙卑地看待自己，和善地對待他人，並慷慨地接納這世上的一切，我們便不會被「不可知」所干擾，也能夠除卸自以為是的偏執之見，不至於落入自我封閉與自我沉淪的困境，縱然這世界並不美好，也不平靜，而我們的生活更時有苦痛與缺憾。

後話——

其實我們始終都在現場

西班牙哲學家賈塞特一語道破：「這就是我的生活！」

只因為是我在察視，我在想像，我在思考；
而且我能愛，敢愛，我也難免有悔有恨；
同時，也是我在生活裡憂傷，我在生活裡受苦，我在生活裡享樂，
雖然這世界一直在改變，而且讓我們飽受煎熬；
不過，我們仍然可以在這世界裡流連忘返，
不在意什麼時候會離開這裡，向這一切揮手道別。
既生，就要活——活出真實的存在，活出我們存在的真實意義來。

唯有先行打開「思想」這道通路，
我們才能夠活出真實的意義和真實的趣味來。
原來，生活是一大事實，一大現實；
而思想（思考）則須切實，更須確實；
不然，我們又如何能發現一切的「真實」？

讓我們再一次來回味笛卡兒的「我思，故我在」，其中關鍵的問題是：
我們如何能真正地「思考」？
我們又如何能發現自己真正「存在」？

講究思考方法的波諾（Edward Bono）曾言：
人類利用思考來認識、探索並改變內在的世界，以進一步的行動來改造外在的世界。

改變知覺，往往不是刻意嘗試去改變這個世界，而是要努力去改變我們對這個世界的看法。

在此，讓我們來玩個小小的「腦筋急轉彎」，為「學歷、能力、人脈和思維」做排序，看哪一樣是王牌，哪一樣是金牌、銀牌和銅牌？

思維是王牌，為什麼？

學歷是銅牌，理由又是什麼？

而能力和人脈搶金奪銀，道理又何在？

如何由邏輯思考到批判思考？又如何由批判思考到創造性思考（創意思考）？生活需要巧思和創意，為什麼呢？

且讓我們來聽聽這有趣的故事：

有個窮人到豬肉鋪，因為沒錢買豬肉，只好站在一旁「聞肉香」，賣豬肉的竟然要他付費，窮人靈機一動，便請賣豬肉的來他家裡收錢。結果，那賣豬肉的一踏進門，便聽見窮人手搖幾個銅錢所發出的聲音，窮人便馬上說他已經付了錢。於是，就把賣豬肉的打發走了，只因為一個是「聞到豬肉香」，一個是「聽見銅錢聲」，不正打成平手嗎？

問題是：我們的思想如何能由扁平淺薄，轉為有厚度，有寬度，有長度，有深度？我們的思考如何能由單元單面單向，轉為多元多面多向？而我們的生活又如何能從封閉的「自我」牢籠，一路邁向與一切的他者共存共在的廣大而開闊的世界？

孔子言「毋意，毋必，毋固，毋我」，釋迦牟尼以「真空」破一切之「假有」，都是一種開放思考，甚至是創造性的思考。而那位「小王子」在荒涼的小星球裡思考，日本哲學家西田幾多郎在他的「場」裡思考，在他的「場」裡行動，在他的「場」裡生活。此刻，我們不也都在自己的生活現場裡思考、行動，而活出真真實實的自己來？

其實我們始終不離現場，始終都在現場。
我們在孤獨的現場享受孤獨，竟然一點也不覺得孤獨。
我們在苦難的現場經歷苦難，在苦難中共同擔起苦難。
我們在命運的現場窺探命運，試圖知命解命安命造命。
我們在希望的現場追逐希望，在希望的光亮裡棄絕一切的黯黑。
我們在幸福的現場咀嚼幸福，而因此滿口芬芳，滿心歡喜。
我們在陪伴的現場作陪相伴，彼此不再憂傷不再焦躁不再抑鬱寡歡。
我們在結緣的現場一起努力，讓真正的善緣如同亮光。
我們在信任的現場放心前行，走出猜疑、妒忌以及各懷鬼胎的幽谷。
我們在寬恕的現場彼此擁抱，一起釋放那可以滋養身心的陽光與綠意。
我們在和平的現場踴躍入場，只因我們早已準備好參與這美好的饗宴。
我們在家的現場終於人人團圓，不論我們是否曾經離家多久多遠。
我們在永久居留的現場停下了腳步，那張綠卡又何必隨時抱在懷裡？

我們在活著的現場自在地活著，從不擔心自己到底擁有多少資產。
我們在內在的現場閉目養神，並不急著開窗敞門看向外面的世界。
我們在沉默的現場咀嚼言語的趣味，而那拈花的微笑竟成了一幅畫。
我們在病痛的現場不覺得有病有苦，最終了解健康的真正意義。
我們在身心之間的現場玩耍遊憩，竟天真如那不知人間疾苦的孩童。
我們在修煉的現場赴湯蹈火，把一切理論束之高閣，而自力更生。
我們在臨終的現場安詳地等待，準備充分地迎接又一場的生命盛典。
我們在不可知的現場鍛鍊智慧，讓自我在黑暗之中冉冉升起如朝日。

終究，我們都不曾離開自己，不曾離開人群，不曾離開世界，不曾離開生活的現場、思想的現場、哲學的現場、人文的現場以及價值與理想的現場，只因為我們都是人，都真真實實的活著，也都想活得快樂，活得幸福，活得有意義有趣味，而且活在充滿希望、信任、寬恕與和平的所在。

哲學現場：

人生大哉問，20 道生命必經關卡的哲學思辯練習

作　　者　葉海煙
責任編輯　陳姿穎
內頁設計　江麗姿
封面設計　任宥騰

行銷專員　辛政遠、楊惠潔
總 編 輯　姚蜀芸
副 社 長　黃錫鉉

總 經 理　吳濱伶
發 行 人　何飛鵬
出　　版　創意市集

發　　行　英屬蓋曼群島商家庭傳媒股份有限公司
　　　　　城邦分公司

香港發行所　城邦（香港）出版集團有限公司
香港灣仔駱克道 193 號東超商業中心 1 樓
電話：（852）25086231
傳真：（852）25789337
E-mail：hkcite@biznetvigator.com

馬新發行所　城邦（馬新）出版集團
Cite（M）Sdn Bhd
41, Jalan Radin Anum, Bandar Baru Sri Petaling,57000 Kuala Lumpur, Malaysia.
電話：（603）90578822
傳真：（603）90576622
E-mail：cite@cite.com.my

展售門市　台北市民生東路二段 141 號 7 樓
製版印刷　凱林彩印股份有限公司
初版一刷　2020 年 8 月
I S B N　978-986-5534-05-9
定　　價　380 元

客戶服務中心
地址：10483 台北市中山區民生東路二段 141 號 2F
服務電話：（02）2500-7718、（02）2500-7719
服務時間：周一至周五 9：30 ～ 18：00
24 小時傳真專線：（02）2500-1990 ～ 3
E-mail：service@readingclub.com.tw

若書籍外觀有破損、缺頁、裝訂錯誤等不完整現象，想要換書、退書，或您有大量購書的需求服務，都請與客服中心聯繫。

國家圖書館出版品預行編目（CIP）資料

哲學現場 : 人生大哉問，20 道生命必經關卡的哲學思辯練習 / 葉海煙著 . -- 初版 . -- 臺北市 : 創意市集出版 : 家庭傳媒城邦分公司 , 2020.08
面；　公分

ISBN 978-986-5534-05-9(平裝)

1. 哲學 2. 人生哲學

100　　109009294